英語の手遊び歌入り

みんなで手遊び One(ワン)・Two(ツー)・トン

妹尾美智子・市川恭子 共著

はじめに

　子ども達は、いつでもどこでも、歌いながら体を動かして遊ぶ「手あそび・歌あそび」が大好きです。「手あそびうた」を通して、身体活動をすることにより、リズム感が養われ、友達と一緒に遊ぶことにより、協調性を身につけていきます。

　保育の現場で歌われている「手あそびうた」の中から、アンケートを基に、人気の高いものを取り上げました。保育に携わっている方、保育を志す方が子ども達との心の交流をはかり、音楽を通してのコミュニケーションづくりに、この本を活用して頂ければ嬉しく思います。

　また、この本には14曲の英語の「手あそびうた」を載せました。英語の大切さが叫ばれている中、早い時期からの英語教育がさかんに行われています。そこで、毎日の保育の中でも、英語を取り入れた活動ができるように楽しい英語の「手あそびうた」も作ってみました。英語と聞くと発音が難しい、意味がわからないという印象を受けますが、この本では、よく知られた歌で簡単な単語を使っています。無理に覚えるのではなく、くり返し口ずさむことで、遊びながら自然に英語に親しむことができると思います。発音はあまり気にせず、日本語の「手あそびうた」と同じように楽しんでください。

　尚、英語は歌いやすさを優先しておりますので、必ずしも文法的には正確ではないことを御了承下さい。

本書の特色

1. 従来の「手あそびうた」と、そのメロディーに現在保育の現場で歌われているバリエーションを紹介しました。
2. 通常の保育の中で英語に親しむことができるよう、英語の手あそびうたも取り入れました。
3. 各曲にコードネームをつけました。また、遊びの雰囲気を高めるためや、伴奏の練習に役立てるために、一部の曲には簡易伴奏もつけました。
4. それぞれの曲に、遊び方のアドバイスをつけました。

もくじ

1. あたま かた ひざ ポン …………………………………………………………… 4
2. **London Bridge Is Falling Down**（ロンドン橋がおちる）……………………… 5
3. 一丁目のドラネコ ………………………………〈ハ長調のコード〉………… 6
   バリエーション ウルトラマンバージョン …………………………………… 7
4. 5つのメロンパン …………………………………………………………………… 8
5. いっぽんばしにほんばし …………………………………………………………… 10
6. **One Finger・Two Fingers**（いっぽんばしにほんばし）……………………… 11
7. 糸まき ………………………………………………………………………………… 12
8. いわしのひらき ……………………………………………………………………… 13
9. ウルトラマン（ふしぎなポケット）……………………………………………… 14
10. 大きなうた …………………………………………………………………………… 16
11. おおきなくりの木の下で …………………………………………………………… 18
12. おはなし指さん ……………………………………………………………………… 19
13. お寺のおしょうさん ………………………………………………………………… 20
    バリエーション 大きな花バージョン ………………………………………… 21
14. 鬼のパンツ …………………………………………………………………………… 22
15. さかながはねて ……………………………………………………………………… 25
16. お弁当箱のうた ……………………………………………………………………… 26
17. カレーライス ………………………………………………………………………… 28
18. キャベツの中から …………………………………………………………………… 30
19. くいしんぼうのゴリラ ……………………………………………………………… 32
20. グーチョキパーでなにつくろう …………………………………………………… 34
21. **Rock・Scissors・Paper**（グー・チョキ・パー）…………………………… 36
22. コロコロたまご ……………………………………………………………………… 38
23. ごんべさんのあかちゃん …………………………………………………………… 40
    バリエーション アンパンマンバージョン …………………………………… 41
24. 10人のインディアン ………………………………………………………………… 42
25. **Ten Little Indians**（10人のインディアン）………………………………… 43
    バリエーション1 ピクニックバージョン …………………………………… 44
    バリエーション2 ポケモンバージョン ………………〈ヘ長調のコード〉… 46
26. だいくのキツツキさん ……………………………………………………………… 48
27. 小さな庭 ……………………………………………………………………………… 50
    バリエーション ちいさな畑 …………………………………………………… 51

28	チェッチェッコリ … 52
29	のねずみ … 53
30	チョキチョキダンス … 54
31	**Happy Dance**（ハッピー・ダンス）… 〈ト長調のコード〉… 55
32	手をたたきましょう … 56
33	**Let's Clap Hands**（手をたたきましょう）… 57
34	トントントントンひげじいさん（ジョリバージョン）… 58
	バリエーション1　アンパンマンバージョン … 59
	バリエーション2　ドラえもんバージョン … 59
35	トン・トン・トン・トン・**Chin** … 60
36	のぼるよコアラ … 〈伴奏例〉… 62
37	はたけのポルカ … 64
38	八べえさんと十べえさん … 66
39	パンダ・うさぎ・コアラ … 68
40	パン屋さんにおかいもの … 70
41	まがりかど … 72
42	森の中から … 74
43	やおやのおみせ … 76
44	やきいもグーチーパー … 78
45	山小屋いっけん … 80
	バリエーション　ピカチュウバージョン … 81
46	指さんどこですか … 82
47	**Where Is Thumb?**（親指さんどこですか？）… 〈コード例〉… 83
48	**Are You Sleeping?**（ねているの？）… 84
49	ワニの家族 … 86
50	**Head, Shoulders, Knees And Toes**（頭・肩・ひざとつま先）… 88
51	**Hello!**（こんにちは）… 90
52	**One・Two・**トン … 91
53	**If You're Happy And You Know It, Clap Your Hands**（しあわせなら手をたたこう）… 92
54	**Touch・Shake・Stomp**（くわのきをまわりましょう）… 94

あたま かた ひざ ポン

高田三九三 作詞
イギリス民謡

①あたま ②かた ③ひざ ④ポン

両手を頭に。　両手を肩へ。　両手を膝へ。　手を1回打つ。

⑤ひざポン ⑥ひざポン ⑦あたま ⑧かた ⑨ひざ ⑩ポン　までは上の動作をくり返す。

⑪め ⑫みみ ⑬はな ⑭くち

両手を目へ。　両手を耳へ。　両手を鼻へ。　両手を口へ。

♪「め・みみ・はな・くち」のところは「手はおひざに」でもいいですよ。

英語で歌ってみましょう

2 London Bridge Is Falling Down

ロンドン ブリッジ イズ フォーリング ダウン

（ロンドン橋がおちる）

イギリス民謡

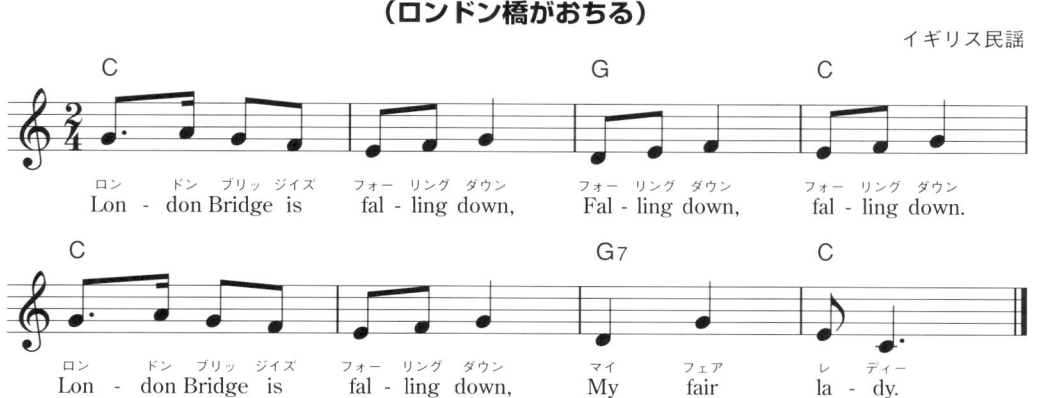

二人が向かい合い、橋を作ります。その下を歌いながら通り、歌が終わったところで両手を下げ、つかまった子どもが今度は橋を作ります。

London Bridge is falling down,
ロンドン橋 おちた

Falling down, falling down.
おちた おちた

London Bridge is falling down,
ロンドン橋 おちた

My fair lady.
すてきなおじょうさん

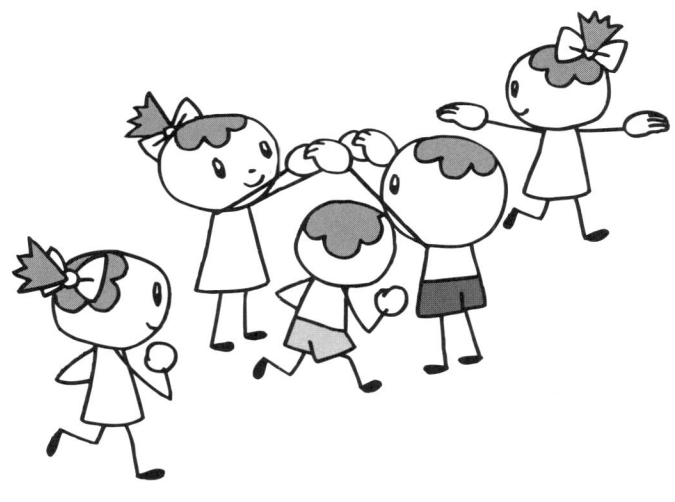

一丁目のドラネコ

阿部直美　作詞・作曲

① 1ちょうめのドラねこ〜
　5ちょうめのねずみは

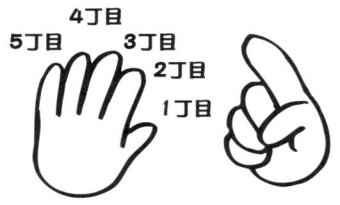

1丁目から5丁目まで親指から
順に軽くたたいていく。

② おいかけられて

人差し指を曲げそろえて右へ。

③ あわててにげこむ

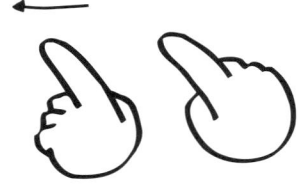

反対に左へ。

④ あなのなか

右手人差し指を左手の輪の中に。

⑤ ニャオー

 バリエーション

ウルトラマンバージョン

いっちょうめのウルトラマン

にちょうめのセブン

さんちょうめのははに

よんちょうめのちち

ごちょうめのかいじゅう

おいかけて

とおいおそらへ

とんでったシュワッチ

🌼 動作はP.14のウルトラマン（ふしぎなポケット）と同じです。参考にしてください。

♪ 付点のリズムは、はずんで楽しく歌いましょう。

伴奏で使ってみましょう

〈ハ長調のコード〉

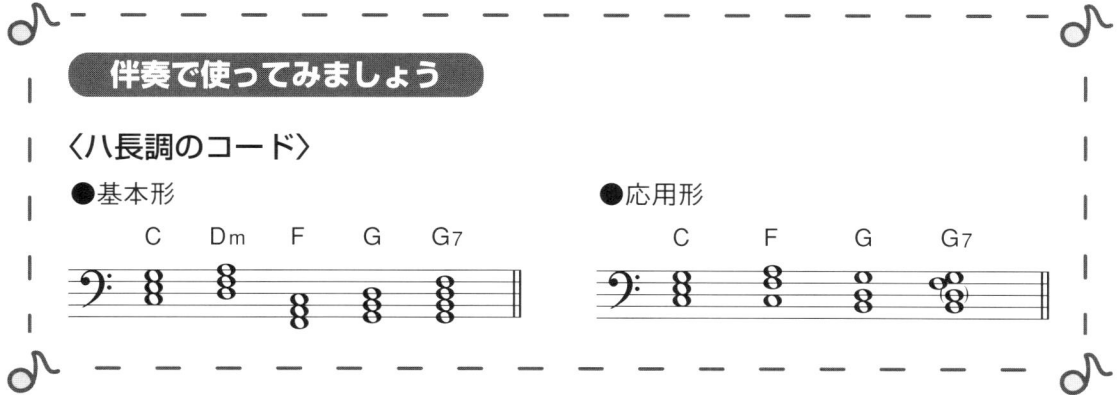

●基本形　　　　　　　　　　　　　　●応用形
C　Dm　F　G　G7　　　　　　　C　F　G　G7

5つのメロンパン

中川ひろたか　訳詞
イギリス民謡

【会話】1.~5.「おばさん メロンパンひとつ ちょうだい」「はい、どうぞ」
　　　　6.「おばさん メロンパンひとつ ちょうだい」「ごめんね もうないの」

①パンやにいつつの メロンパン	②ふんわりまるくて	③おいしそう	④こどもがひとり やってきて

パーを作る。	両手でパンのかたちを作る。	手をほっぺたにあて、おいしそうな顔をする。	右手の人差し指を子どもにみたて、近づけていく。

⑤「おばさんメロンパン　ひとつ　ちょうだい」　　⑥「はい、どうぞ」　　⑦メロンパンひとつかってった

人差し指を振る。　　　　　人差し指で親指を折る。　　　人差し指を振りながら離す。

|2番～5番|　5本の指を1本ずつ折っていきながら①～⑦の動作をくり返す。

|6番|

①パンやにゼロこの　　　　②ぜんぶうりきれ　　　　　③こどもがひとり
　メロンパン　　　　　　　　メロンパン　　　　　　　　やってきて

左手でグーを作る。　　　　左手のグーを体の後ろに　　|1番|④と同じ動作をする。
　　　　　　　　　　　　　かくす。

④「おばさんメロンパン　　　⑤「ごめんね　もうないの」　⑥メロンパンかえずに
　ひとつ　ちょうだい」　　　　　　　　　　　　　　　　かえってった

|1番|⑤と同じ動作をする。　左手を顔の前に出して「ない」　右手の人差し指を折りまげて
　　　　　　　　　　　　　という動作をする。　　　　　残念そうに体の後ろにかくす。

♪ 会話の部分は「子ども」と「パン屋さん」になりきって歌うと楽しいでしょう。
♪ あんパン、ジャムパン、ドーナツなどでも歌ってみましょう。
♪ 「こどもがひとり…」のところは「○○ちゃんがやってきて」と名前に変えてもおもしろいでしょう。

5 いっぽんばしにほんばし

湯浅 とんぼ 作詞
中川ひろたか 作曲

1番	①いっぽんばし	②いっぽんばし	③おやまになっちゃった

2番	①にほんばし	②にほんばし	③かにさんになっちゃった

 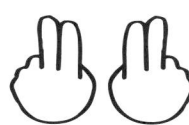 

3番	①さんぼんばし	②さんぼんばし	③おひげになっちゃった

4番	①よんほんばし	②よんほんばし	③くもになっちゃった

5番	①ごほんばし	②ごほんばし	③ちょうちょになっちゃった

One Finger・Two Fingers
（いっぽんばしにほんばし）

Michiko Seo　英語詞
中川ひろたか　作曲

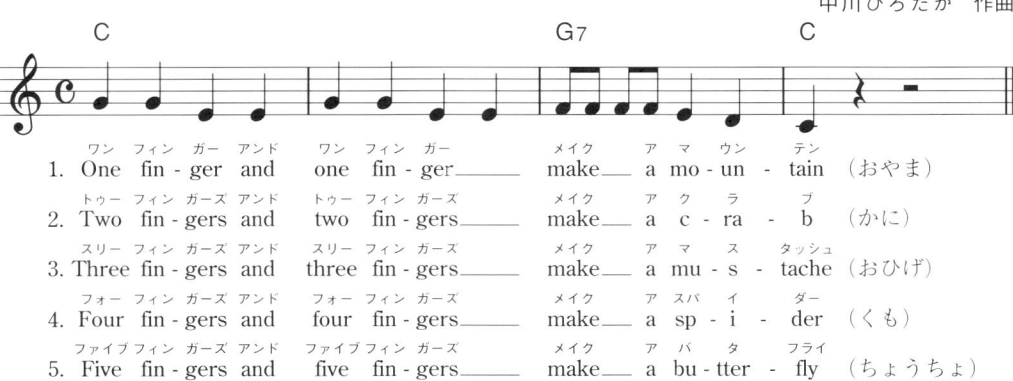

1. One fin-ger and one fin-ger ___ make ___ a mo-un-tain （おやま）
2. Two fin-gers and two fin-gers ___ make ___ a c-ra-b （かに）
3. Three fin-gers and three fin-gers ___ make ___ a mu-s-tache （おひげ）
4. Four fin-gers and four fin-gers ___ make ___ a sp-i-der （くも）
5. Five fin-gers and five fin-gers ___ make ___ a bu-tter-fly （ちょうちょ）

バリエーション

🌸 このほかにも作ってみましょう。

1. devil （おに）　　**2. glasses** （めがね）　　**3. chicken** （にわとり）

4. octopus （たこ）　　**5. little bird** （ことり）

糸まき

作詞者不詳
デンマーク民謡

1.2. いと まきまき いと まきまき ひいて ひいて トントントン
で ー きた できた ｛こびとさんの / ぞうさんの｝ おくつ

①いとまきまき いとまきまき

両手をグーにして胸の前で回す。

②ひいて ひいて

両ひじを曲げて、左右に引く。

③トントントン

両手をグーにしてトントンとたたく。

④できた できた

両手を頭の上から下におろす。

⑤こびとさんの おくつ

両手で小さな輪を作ってくつのかたちにする。

♪ 「こびとさんのおくつ」は小さい声でやさしく、「ぞうさんのおくつ」は大きい声で元気に歌いましょう。

いわしのひらき

作詞・作曲者不詳

1. いわしの
2. にしんの
3. さんまの
4. シャケの
5. くじらの

} ひらきが しおふいて パッ ソレッ

ズン ズンチャ チャズン ズンチャ チャズン ズンチャ チャホッ

|1番| ①いわしの ②ひらきが ③しおふいて ④パッ
|2番| ①にしんの ②ひらきが ⑤ソレッ ズンズン チャッチャ ⑥ズンズン チャッチャ
|3番| ①さんまの ②ひらきが
|4番| ①シャケの ②ひらきが ⑦ズンズン チャッチャ ⑧ホッ
|5番| ①くじらの ②ひらきが ③しおふいて パッ

⑤、⑥、⑦、⑧は 1番〜4番と同じ動作をする。

♪ 「パッ」「ソレッ」「ズンズンチャッチャ」「ホッ」などはリズムに乗って楽しく表現しましょう。

9 ウルトラマン（ふしぎなポケット）

作詞者不詳
渡辺 茂 作曲

① いっちょうめの　② ウルトラマン　③ にちょうめの　④ セブン

右手人差し指を出す。　ウルトラマンのビームの動作をする。　右手の指を2本出す。　両手の2本指を目のところにあてる。

⑤さんちょうめの
指を3本出す。

⑥ははに
両手を胸で交差させてトントンとする。

⑦よんちょうめの
指を4本出す。

⑧ちち
手をグーにしてうでを片方ずつ曲げる。

⑨ごちょうめの
指を5本出す。

⑩かいじゅう
指を少し曲げ、怪獣の動作をする。

⑪おいかけて
グーにしてうでを振り、追いかける動作をする。

⑫とおいそらまで とんでった
右手で空を指さす。

⑬シュワッチ
シュワッチの動作をする。

大きなうた

※のところはこの伴奏形で弾きましょう。

伴奏例

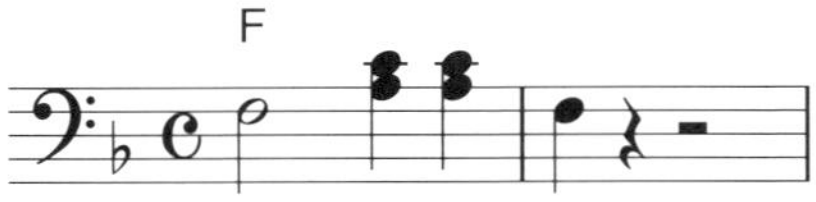

中島光一 作詞・作曲

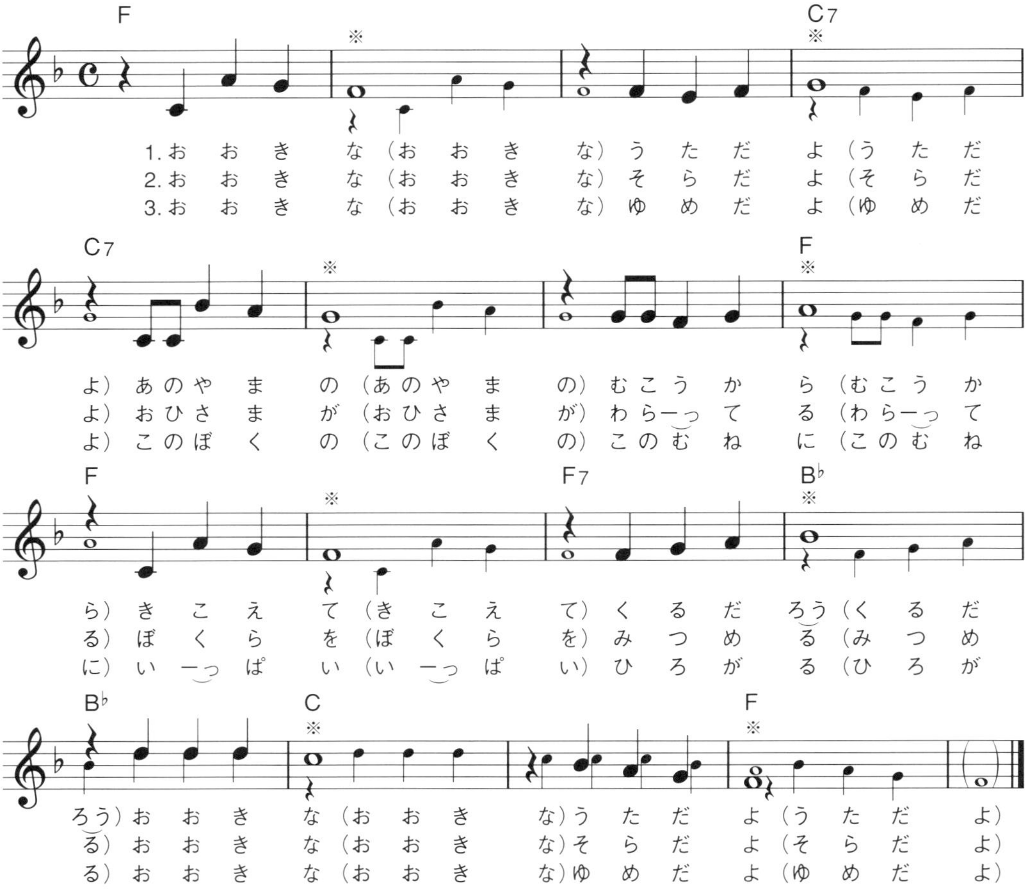

1. おおきな（おおきな）うただよ（うただ
2. おおきなな（おおきな）そらだよ（そらだ
3. おおきな（おおきな）ゆめだよ（ゆめだ

よ）あのやまの（あのやま　の）むこうから（むこうか
よ）おひさまが（おひさまが）わらーってる（わらーって
よ）このぼくの（このぼくの）このむねに（このむね

ら）きこえて（きこえて）くるだろう（くるだ
る）ぼくらを（ぼくらを）みつめる（みつめ
に）いーっぱい（いーっぱい）ひろがる（ひろが

ろう）おおきな（おおき　な）うただよ（うただよ）
る）おおきな（おおき　な）そらだよ（そらだよ）
る）おおきな（おおき　な）ゆめだよ（ゆめだよ）

♪ 「おおきな」（おおきな）…のところは、先生が「おおきな」と歌ったあと、子ども達が（おおきな）と動作と歌をくり返します。

1番

① おおきな

手を大きく回す。

② うただよ

両手の人差し指と中指を立て口の端で斜め上にくるりと上げる。

③ あのやまの

右手の手のひらを下に向けて、山のかたちにする。

④ むこうから

右手の人差し指で遠くを指さす。

⑤きこえてくるだろう   ⑥おおきな   ⑦うただよ

右手の手のひらを前に向けて、耳にあてる。　　1番 ①の動作。　　1番 ②の動作。

2番　①おおきな　　②そらだよ　　③おひさまが　　④わらってる

1番 ①の動作。　　右手の手のひらを前に向け、顔の前で上に向かって山を描く。　　右手の指をすぼめて頭の上におき、少し下げながらパッと開く。　　両手の親指とほかの指を軽く曲げ、口元で広げたり狭めたりする。

⑤ぼくらを　　⑥みつめる　　⑦おおきな　　⑧そらだよ

手のひらを下にして円を描くように大きく回す。　　右手の人差し指と中指を立てて指先を自分の目に向ける。　　1番 ①の動作。　　2番 ②の動作。

3番　①おおきな　　②ゆめだよ　　③このぼくの　　④このむねに

1番 ①の動作。　　右手を軽くわん曲させて上向きにし、頭の横から離していく。　　右手の人差し指で胸を差す。　　右手の人差し指で、左胸に円を描く。

⑤いっぱい ひろがる　　⑥おおきな　　⑦ゆめだよ

両手を大きく開く。　　1番 ①の動作。　　3番 ②の動作。

11 おおきなくりの木の下で

作詞者不詳
イギリス民謡

おおきなくりの　きのしたで　あなたと　わたし
なかよく　あそびましょ　おおきなくりの　きのしたで

①おおきなくりの 　②きの 　③した 　④で

⑤あなたと 　⑥わたし 　⑦なか 　⑧よく

⑨あそびましょ　　⑩おおきなくりの　きのしたで

⑧のまま　　　　　①〜④の動作をくり返す。

おはなし指さん

香山美子 作詞
湯山 昭 作曲

楽しくはずんで

1番

①このゆびパパ
　ふとっちょパパ

両手の親指を上下に動かす。

②やあやあ　やあやあ

おじぎをするように親指を動かす。

③わはははははは

大きな円を描くように、両手の親指を動かす。

④おーはなしする

親指と親指をちょんと合わせる。

2番～5番 歌詞に合わせ **1番** と同じように、両手の指を動かす。

♪ 「パパ」「ママ」…はそれぞれなりきって歌ってみましょう。

13 お寺のおしょうさん

わらべうたの伴奏例

Am

わらべうた

せっせっせー の よいよいよい　おてらの おしょうさんが

かぼちゃの たねを まきました

めがでて ふくらんで　はながさいたら

みがなって　たねができたら ジャンケンポン　（あいこでしょ）

①せっせっせーの
　よいよいよい

②㋑お　　㋺て　　㋩ら

手をつないで振る。　手を打つ。　右手どうしを合わせる。　手を打つ。

㋥の

左手どうしを合わせる。

③おしょうさんが かぼちゃのたねを まきまし

②の㋑㋺㋩㋥の動作を4回くり返す。

④た

⑤めがでて　　　　　　⑥ふくらんで　　　　　　⑦はながさいたら

両手を合わせる。　　　両手を左右にふくらませる。　手を開いて花を作る。

⑧みがなって　　　　　⑨たねができたら　　　　⑩ジャンケンポン

手をグーにする。　　　手のグーをわける。　　　じゃんけんをする。

バリエーション　　　　　　　　　　　大きな花バージョン

　　　　　　　　　　　⑤めがでて　　　⑥ふくらんで　　⑦はながさいたら

①〜④の動作は同じ。　　　

　　　　　　　　　　　両手を合わせる。　両手で輪を作る。　手を広げる。

　　　⑧みがなって　　⑨たねができたら　　⑩ジャンケンポン

　　　⑥と同じ。　　両手をグーにする。　　足じゃんけんをする。

鬼のパンツ

作詞者不詳
L. Denza 作曲
市川恭子 編曲

さかながはねて

中川ひろたか　作詞・作曲

1. さかなが　はねて ピョン！　あたま にくっついた ぼうし
例 さかなが　はねて ピョン！　□□□ にくっついた
　 さかなが　はねて ピョン！　だれか にくっついた □□□

①さかながはねて

魚のかたちを作り泳ぐ動作をする。

②ピョン！

ジャンプをする。

③あたまにくっついた

両手を頭におく。

♪ □□□ の所にいろいろなものをくっつけて歌を作ってみましょう。
♪ どんなものが飛び出すでしょう。最後は「おひざにくっついた」「おしまい」としめくくってもいいでしょう。

おくちにくっついた

おはなにくっついた

あごにくっついた

お弁当箱のうた

わらべうた
（2番 阿部直美 補作）

1.2. こ れ くらいの　お べんとばこに　{おにぎりおにぎり / サンドイッチサンドイッチ}　ちょっとつめて

き ざー みしょうがに　ご ましおふって　にんじん さん ※　ご ぼーう さん
か らー しバターに　こ なチーズパッパ　トマト さん　ハ ム さん

あ なー のあいた　れんこん さん　すじー のとおった ふ き
い ぼー いぼーの　きゅうり さん　すじー のとおった ベー コン

デ ザー トは　い ち ご　バ ナ ナ　はい どー ぞ

| 1番 | ①これくらいの | ②おべんとばこに | ③おにぎりおにぎり | ④ちょっとつめて |

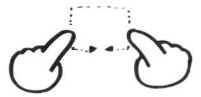

両手の人差し指で四角を描く。／①と同じ動作をする。／両手でおにぎりを作る。／左手のお弁当箱に右手を3回のせる。

⑤きざみしょうがに　⑥ごましおパッパッ　⑦にんじん　⑧さん　⑨ごぼう

左手をまな板、右手をほう丁にし、しょうがを切る動作をする。／両手でパッと開く動作を4回する。／右手の指2本。／左手の指3本。／右手の指5本。

⑩さん　⑪あなのあいたれんこんさん　⑫すじのとおった　⑬ふ　⑭き

左手の指3本。／両手の親指と人差し指で輪を作り目の前で回す。／左うでの上で右手ですじを描く。／左の手のひらをフーと吹く。／両手で手拍子をする。

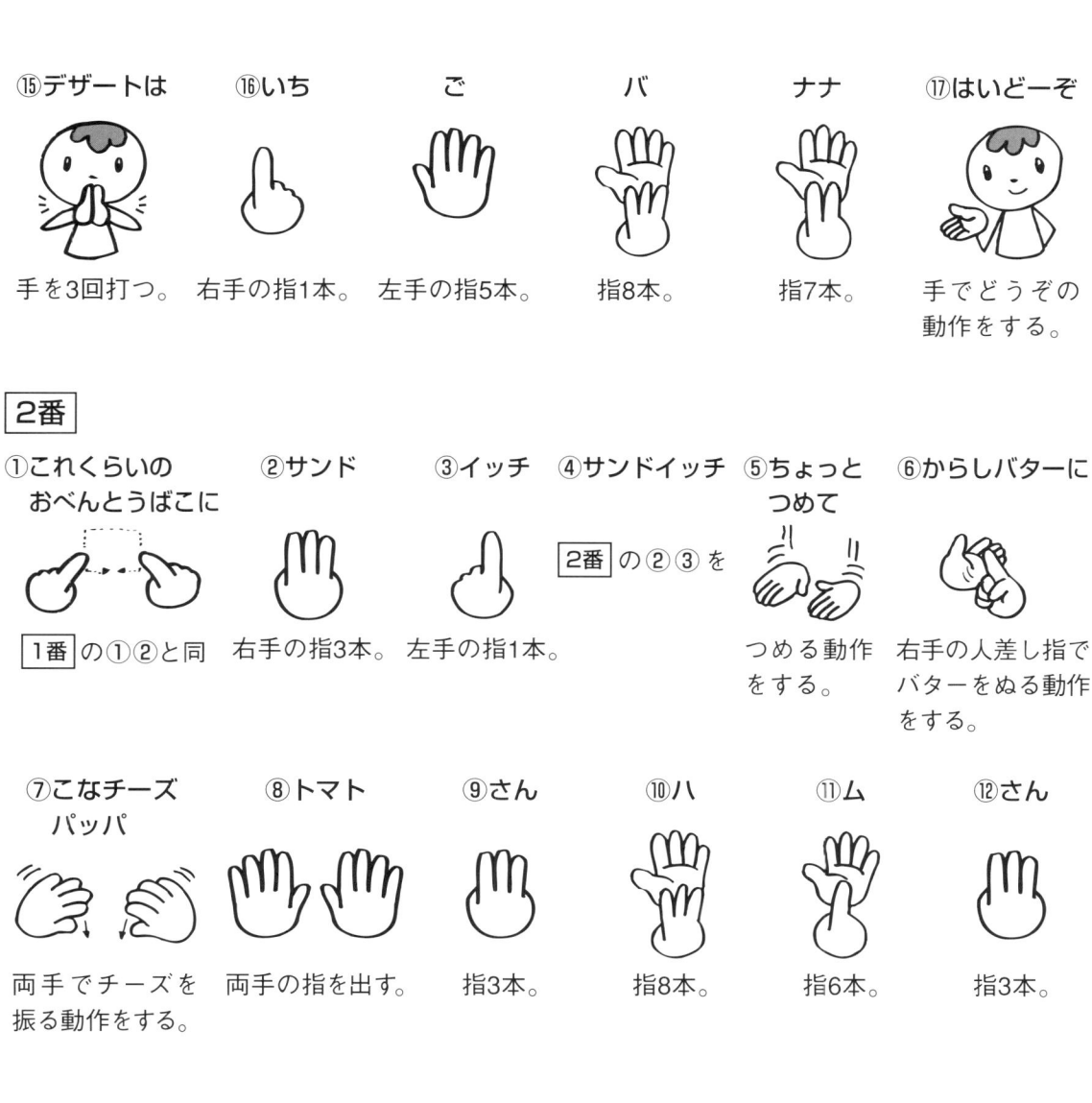

⑮デザートは　⑯いち　　ご　　バ　　ナナ　⑰はいどーぞ

手を3回打つ。　右手の指1本。　左手の指5本。　指8本。　指7本。　手でどうぞの動作をする。

2番

①これくらいの　②サンド　③イッチ　④サンドイッチ　⑤ちょっと　⑥からしバターに
　おべんとうばこに　　　　　　　　　　　　　　　　　つめて

1番の①②と同　右手の指3本。　左手の指1本。　2番の②③を　つめる動作をする。　右手の人差し指でバターをぬる動作をする。

⑦こなチーズ　⑧トマト　⑨さん　⑩ハ　⑪ム　⑫さん
　パッパ

両手でチーズを振る動作をする。　両手の指を出す。　指3本。　指8本。　指6本。　指3本。

⑬いぼいぼいぼの　⑭きゅうり　⑮さん　⑯すじのとおった　⑰ベー　⑱コン

両手の親指と人差し指でまるを作り、はじくように動かす。　指9本。　指3本。　1番⑫と同じ　あかんべをする。　コンと頭をたたく。

♪ ※はさくらんぼさん、しいたけさんを追加してもおもしろいでしょう。
♪ お弁当箱の大きさや歌うテンポを変えていろいろなお弁当箱を作ってみましょう。

カレーライス

伴奏例 (C)

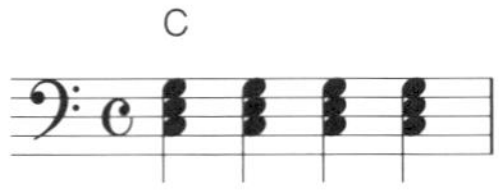

ともろぎゆきお 作詞
峯　陽 作曲

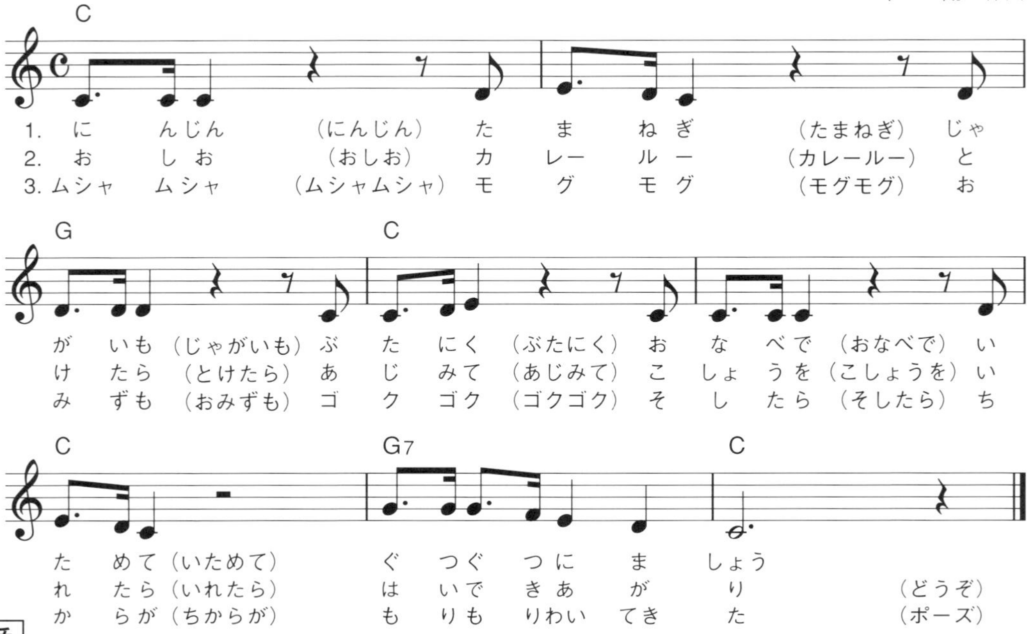

1. にんじん（にんじん）たまねぎ（たまねぎ）じゃがいも（じゃがいも）ぶたにく（ぶたにく）おなべで（おなべで）いためて（いためて）ぐつぐつにましょう
2. おしお（おしお）カレールー（カレールー）とけたら（とけたら）あじみて（あじみて）こしょうを（こしょうを）いれたら（いれたら）はいできあがり（どうぞ）
3. ムシャムシャ（ムシャムシャ）モグモグ（モグモグ）おみずも（おみずも）ゴクゴク（ゴクゴク）そしたら（そしたら）ちからが（ちからが）もりもりわいてきた（ポーズ）

1番

①にんじん — 両手でチョキを出す。

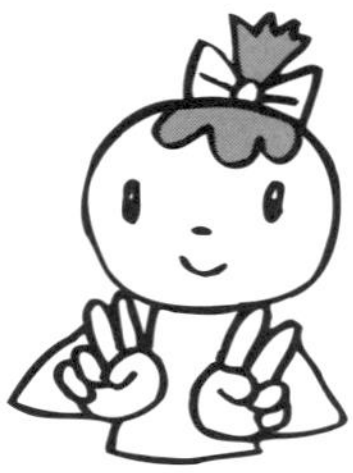

②たまねぎ — たまねぎのかたちを作る。

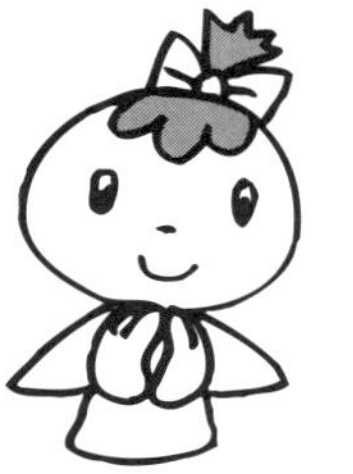

③じゃがいも — グーを作り上下に動かす。

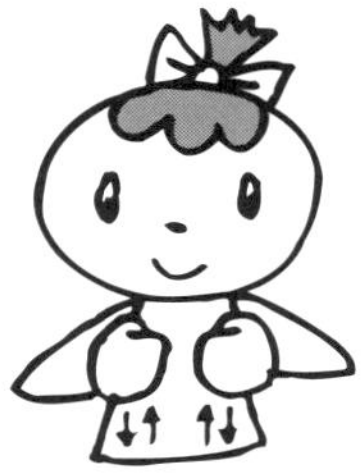

④ぶたにく — 人差し指でブタ鼻にする。

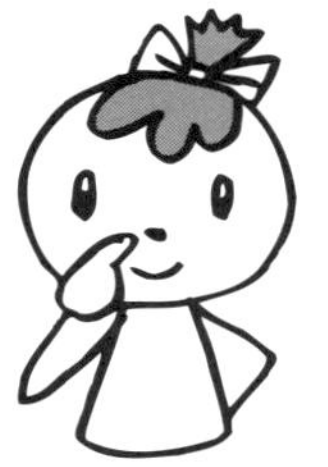

⑤おなべで — 両手で鍋のかたちを作る。

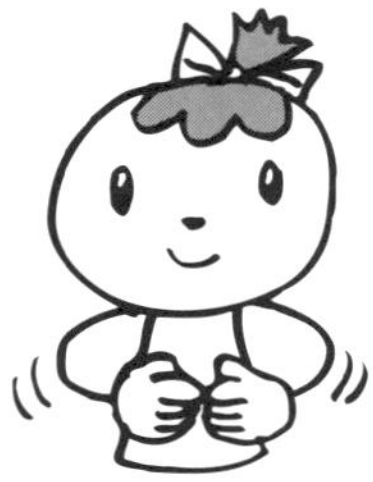

⑥いためて — 左手は鍋、右手でいためる動作をする。

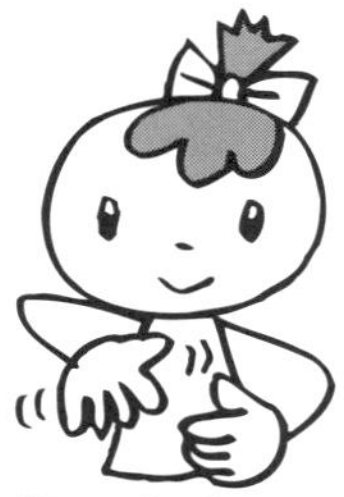

⑦ぐつぐつにましょう — 両手を上向きにして開いたり閉じたりする。

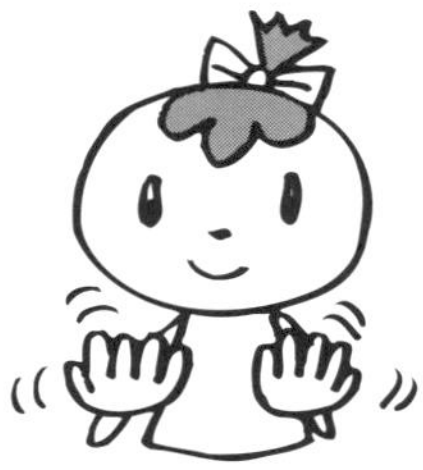

2番

①おしお
塩を入れる動作をする。

②カレールー
胸の前で四角い箱のかたちを作る。

③とけたら
右手で鍋の中をかきまぜる。

④あじみて
片手で味をみる。

⑤こしょうをいれたら
こしょうを入れる動作をする。

⑥はいできあが
手を4回打つ。

⑦り（どうぞ）
「どうぞ」と両手を前に出す。

3番

①ムシャムシャ モグモグ
左手をお皿、右手はスプーンにして食べる動作をする。

②おみずも ゴクゴク
水を飲む動作をする。

③そしたら ちからが もりもりわいてきた（ポーズ）
好きなポーズをとる。

♪ カレーライスのほかに「シチュー」や「コロッケ」「ハンバーグ」など、中に入れるものを考えて歌ってみましょう。

キャベツの中から

作詞・作曲者不詳

1番〜5番

① キャベツのなかから　あおむしでたよ

② ピッピッ

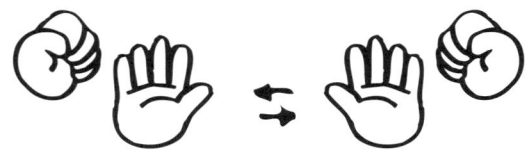

片方の手をグー、もう片方をパーにして手を交互に打つ。

親指を片方ずつ順番に出す。

③ とうさんあおむし

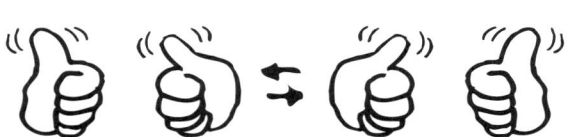

手を左右に振る。

2番〜5番

かあさんゆび → 人差し指
にいさんゆび → 中　　指
ねえさんゆび → くすり指

6番

①キャベツのなかから　あおむしでたよ

②ピッピッ

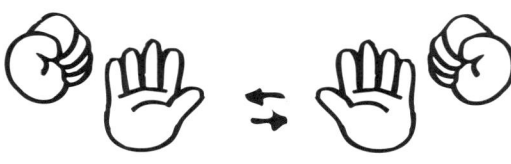

1番　①の動作をする。

両手を広げて出す。

ちょうちょになりました

両手を組み合わせて、ちょうちょが飛んでいる
動作をする。

キャベツのお話を作ってみましょう！

"畑になっている大きなキャベツ。お母さんが作ってくれる料理に入っているキャベツ。みんなも大好きだよね。でもあおむしさんはもっとキャベツが好きなんだって‥‥"

こんなお話をイメージしながらあおむしやちょうちょになって子ども達と一緒にストーリーを作って楽しく遊びましょう。

♪テンポを速くして歌ってみましょう。

くいしんぼうのゴリラ

阿部　直美　作詞
おざわたつゆき　作曲

① くいしんぼうのゴリラが

ゴリラが胸をたたくように。

② 1番　バナナ
　 2番　レモン　　をみつけた
　 3番　たまねぎ

③ かわむいて
　 かわむいて

3番のみ
「かわむいて、かわむいて、
あれ〜？　あれれ…？」
たべるところがなくなった

胸の前で　1番　バナナ
　　　　　2番　レモン　を作る。
　　　　　3番　たまねぎ

皮をむく動作をする。

首をかしげる動作をする。

④ぱくんとたべた　　　⑤ドンドコドン　ドンドコドン

手を口元へもっていく。　　　　　　①と同じ動作。

⑥ 1番 あーおいし　　　2番 おーすっぱい　　　3番 うぇーんえん

両手をほっぺたへもっていき、　両手をほっぺたへもっていき、　泣くまねをする。
おいしそうな顔をする。　　　　すっぱそうな顔をする。

♪役になりきって歌ってみましょう。

20 グーチョキパーでなにつくろう

作詞者不詳
フランス民謡

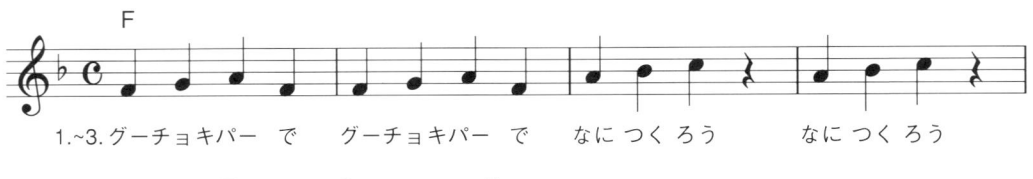

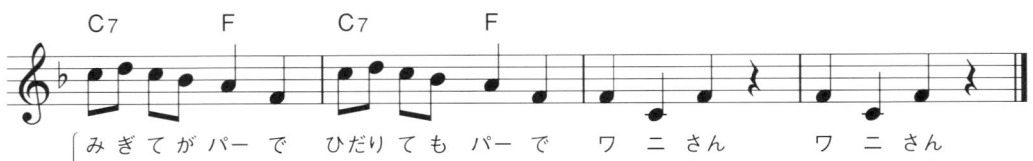

F
1.~3. グーチョキパー で グーチョキパー で なに つくろう なに つくろう
C7 F C7 F
みぎてがパーで ひだりても パーで ワニさん ワニさん
みぎてがチョキで ひだりても チョキで かにさん かにさん
みぎてがチョキで ひだりてが グーで かたつむり かたつむり

①グー
④グー

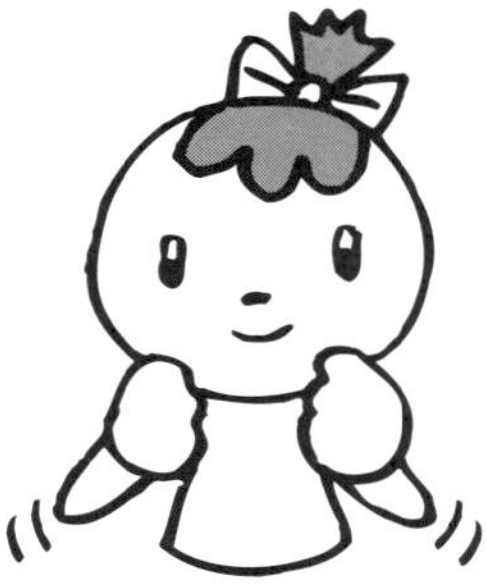

②チョキ
⑤チョキ

③パーで
⑥パーで

⑦なにつくろう
なにつくろう

1番	⑧右手がパーで	⑨左手もパーで
2番	⑧右手がチョキで	⑨左手もチョキで
3番	⑧右手がチョキで	⑨左手がグーで

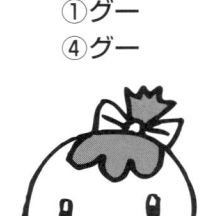

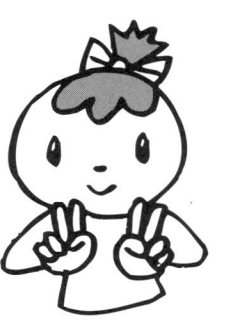

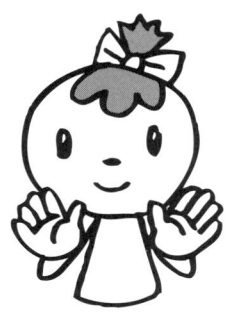

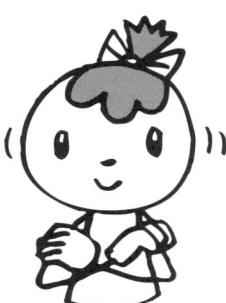

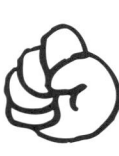

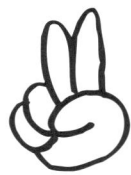

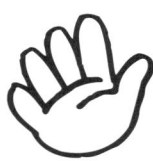

1番 ⑩ワニさん ワニさん   2番 ⑩かにさん かにさん   3番 ⑩かたつむり かたつむり

♪このほかにもグー、チョキ、パーでいろいろなものを作ってみましょう。

グーとグーで
てんぐさん

グーとグーで
ひげじいさん

グーとグーで
ドラえもん

チョキとチョキで
めがねさん

パーとパーで
ちょうちょ

パーとパーで
うさぎさん

21 Rock・Scissors・Paper
（グー・チョキ・パー）

英語で歌ってみましょう

Michiko Seo 英語詞
フランス民謡

Rock, Scissors, Pa-per　Rock, Scissors, Pa-per,　What do you make?　What do you make?

Ri-ght hand is pa-per　Le-ft hand is pa-per　Cro-co-dile,　Cro-co-dile.

① Rock
両手でグーをする。

② Scissors
両手でチョキをする。

③ Paper
両手でパーをする。

④ Rock, Scissors, Paper,

①〜③をくり返す。

⑤ What do you make? What do you make?

うでを組んで体を左右にゆらす。

⑥ Right hand is paper.
右手でパーをする。

⑦ Left hand is paper.
左手でパーをする。

⑧ Crocodile
そのまま両手を上下に開けたり閉じたりする。

バリエーション

🌸 このほかにも作ってみましょう。

1. Right hand is scissors.（右手がチョキで）
   Left hand is scissors.（左手がチョキで）
   ↓
   Crab（かにさん）
   〔クラブ〕

2. Right hand is scissors.（右手がチョキで）
   Left hand is rock.（左手がグーで）
   ↓
   Snail（かたつむり）
   〔スネイル〕

3. butterfly（ちょうちょ）
   〔バタフライ〕

4. helicopter（ヘリコプター）
   〔ヘリコプター〕

5. flower（花）
   〔フラワー〕

22 コロコロたまご

作詞・作曲者不詳

```
C                                
1. コロコロ た ま ご    は    お り こ う   さん
2. ピヨピヨ ひ よ こ    は    お り こ う   さん
3. コロコロ ピ ヨ ピ    ヨ    コ ケ コッ   コー

C                        G7              C
コロコロ し て た    ら    ひよこに なっちゃっ た
ピヨピヨ し て た    ら    コケコに なっちゃっ た
コケコ が な い た    ら    よ が あ け   た   （おはよう！）
```

1番

①コロコロたまごは

両手をグーにして胸の前でコロコロ動かす。

②おりこうさん

左手はグーのままで右手でなでる。

③コロコロしてたら

①と同じ動作をする。

④ひよこになっちゃった

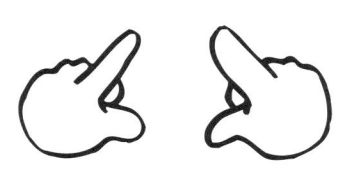

両手の親指と人差し指をパクパクさせる。

2番

①ピヨピヨひよこは

1番 ④と同じ動作をする。

②おりこうさん

左手はひよこにして右手でなでる。

③ピヨピヨしてたら

1番 ④と同じ動作をする。

④コケコになっちゃった

両手でパクパクさせる。

3番

①コロコロピヨピヨ

1番 ①④と同じ動作をする。

②コケコッコー

2番 ④と同じ動作をする。

③コケコがないたら

2番 ④と同じ動作をする。

④よがあけた

手を大きく開く。

23 ごんべさんのあかちゃん

伴奏例

作詞者不詳
アメリカ民謡

1. ごんべさんの あかちゃんが かぜひいた（クシュン）
ごんべさんの あかちゃんが かぜひいた（クシュン）
ごんべさんの あかちゃんが かぜひいた（クシュン）そ
こで あわてて しっぷした

2. アンパンマンが おでかけするときは
マントとベルトを ぐっとしめて
ちからが もりもり わいてきて
ばいきんまーんを やっつけろ（アンパーンチ！！）

①ごんべさんの
両手でほおかむりをし、あごの下で結ぶ動作をする。 

②あかちゃんが 
赤ちゃんをだっこする動作をする。

③かぜひいた 
両手を鼻と口にあてる。

④クシュン 
クシャミの動作をする。

⑤ごんべさんのあかちゃんが かぜひいた クシュン

⑥ごんべさんのあかちゃんが かぜひいた クシュン

①〜④と同じ動作をする。

⑦そこであわてて　　⑧しっぷし　　⑨た

手を4回打つ。　　　　　　　　　　右手・左手の順に胸の前で交差する。

♪「ごんべさん」の部分を子どもや動物の名前に変えたり、くしゃみの音を変えてもおもしろいでしょう。

バリエーション　　　　　　　　　　アンパンマンバージョン

①アンパン　②マンが　③おでかけするときは　④マントと

グーにして右手・左手をほほにつける。　歩く動作をする。　両手をまっすぐ下におろしマントを作る。

⑤ベルトを　⑥ぐっとしめて　⑦ちからがもりもり

腰から前にもっていきベルトをつける動作をする。　ベルトをしめる動作をする。　力がもりもりの動作をする。

⑧わいてきて　⑨ばいきんまんをやっつけろ　『アーンパーンチ！！』

手はそのままで体もいっしょに上下に振る。　片手ずつつのを作る。　グーでパンチの動作をする。

24 10人のインディアン

作詞者不詳
アメリカ民謡

ひ とり ふ たり さん にん いる よ　よ にん ご にん ろく にん いる よ
し ちにん は ちにん きゅう にん いる よ　じゅうにんのインディアン ボーイズ パンパン
（手を打つ）

①ひとり　　②ふたり　　③〜⑩

3人〜10人まで順番に指を折っていく。

🌼 この遊び方にもチャレンジしましょう。

①ひとり　　②ふたり

このかたちからはじめる。

③〜⑨

3人〜9人まで順番に指を折っていく。

⑩じゅうにんのインディアンボーイズ

パーにする。

25 Ten Little Indians
(10人のインディアン)

英語で歌ってみましょう

作詞者不詳
アメリカ民謡

1. One little, two little, three little Indi-ans,
   Four little, five little, six little Indi-ans,
   Seven little, eight little, nine little, Indi-ans,
   Ten little Indian boys.

2. Ten little, nine little, eight little Indi-ans,
   Seven little, six little, five little Indi-ans,
   Four little, three little, two little, Indi-ans,
   One little Indian boy.

🌸 10以上の数字を入れて歌ってみましょう。

ele-ven, twel-ve thir-teen Indi-ans,

11. eleven   12. twelve   13. thirteen
14. fourteen   15. fifteen   16. sixteen
17. seventeen   18. eighteen   19. nineteen
20. twenty

♪ 英語の数字に親しんでみましょう。

バリエーション1　ピクニックバージョン

|1番|　1と5でたこやきたべて　2と5でやきそばたべて
　　　3と5でケーキをたべたら　よういはいいですか（いいです！）

|2番|　3と5でスパゲティーたべて　4と5でカレーもたべて
　　　5と5でおにぎりつくって　ピクニック（レッツゴー！）

|1番|

①1と5で

②たこやきたべて
たこやきを食べる動作をする。 

③2と5で

④やきそばたべて
やきそばを食べる動作をする。 

⑤3と5で

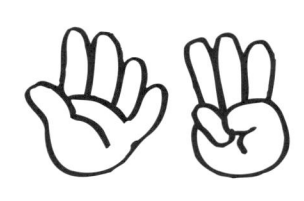

⑥ケーキをたべたら
ケーキを食べる動作をする。 

⑦よういはいいですか 
手をたたく。

⑧「いいです！」 
元気よく手を上げる。

[2番] ①3と5で　　　②スパゲティーたべて　　　③4と5で

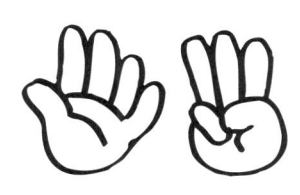

スパゲティーを食べる動作をする。

④カレーもたべて　　　⑤5と5で　　　⑥おにぎりつくって

カレーを食べる動作をする。　　　　　　　　おにぎりを作る動作をする。

⑦ピクニック　　　⑧「レッツゴー！」

手をたたく。　　　元気よく手を上げる。

♪ たこやきや、やきそば以外の食べ物も作ってみましょう。

バリエーション2　ポケモンバージョン

1番
1本と1本でピカチュウになって
2本と2本でクラブになって
3本と3本でニャースになって
さとしになっちゃった

2番
4本と4本でコダックになって
5本と5本でモンスターボールつくって
ポケットモンスターそろったら
じゅんびはいいですか（ゲットだぜ！）

1番

①1本と1本で

②ピカチュウになって
両人差し指を頭にあてる。

③2本と2本で

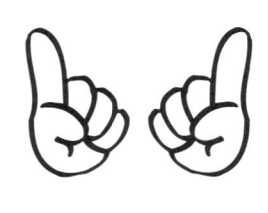

④クラブになって
カニのように手を左右に振る。

⑤3本と3本で

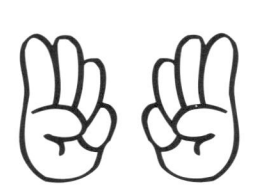

⑥ニャースになって
猫のヒゲのように指をほほにあてる。

⑦さとしになっちゃった
手を上から下にキラキラとおろしていく。

2番

①4本と4本で

②コダックになって
アヒルの口ばしのように手を口の前で動かす。 

③5本と5本で

④モンスターボールつくって
手でおだんごを作る動作をする。 

⑤ポケットモンスターそろったら 
人差し指を立て、上下に動かしながら右から左に動かす。

⑥じゅんびはいいですか 
手を耳にあてる。

⑦ゲットだぜ 
親指を立て前につき出す。

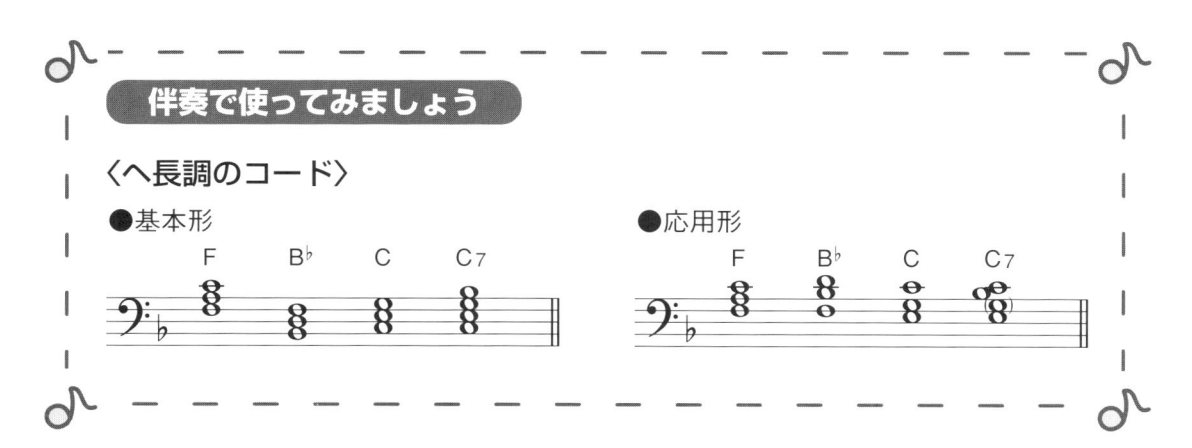

伴奏で使ってみましょう

〈ヘ長調のコード〉

●基本形　F　B♭　C　C7

●応用形　F　B♭　C　C7

26 だいくのキツツキさん

宮林 茂晴 訳詞
オーストラリア民謡

1.
みどりの もりのなか ひびく うたは
だいくの キツツキさん せいだす うた

2.
ホールディーアー ホルディヒッヒァア ホルディクク 「サッ」
「サッ、ハッ…」
ホルディヒッヒァア ホルディクク 「サッ」 ホルディヒッヒァア
「サッ、ハッ…」
ホルディクク 「サッ」 ホルディヒッヒァア ホ
「サッ、ハッ…」

① みどり の もり のな か
  ひび く う た は
  だいく の キツ ツキ さん
  せい だ す う た

② ホールディーアー　③ ホール　④ ディヒッ　⑤ ヒァア　⑨　⑩ホ
　　　　　　　　　⑥ ホール　⑦ ディ　　⑧ クク

両手でひざを交互にたたく。
両手でひざを1回たたく。
手を1回打つ。
指パッチンをする。
③〜⑧をくり返す。
両手でひざを1回たたく。

[歌い方]

ナレーションA：みどりの森の中で大工のキツツキさんがトントンとお家をたてていました。

歌 ①、②

ナレーションB：するとだれかが「サッ」と通りすぎるのを見ました。

歌 ②　セリフ「サッ」

ナレーションC：キツツキさんはだれだろうと「ハッ」としました。

歌 ②　セリフ「サッ、ハッ」

ナレーションD：それは友達のたぬきさんだったので「ホッ」としました。

歌 ②　セリフ「サッ、ハッ、ホッ」

ナレーションE：たぬきさんに「家をたてるのを手伝って」とたのむと、たぬきさんは「アッカンベー」をして行ってしまいました。

歌 ②　セリフ「サッ、ハッ、ホッ、アッカンベー」

ナレーションF：そこへりすさん達がきて「手伝ってあげるよ」と言ったので「ヤッター」と言いました。

歌 ②　セリフ「サッ、ハッ、ホッ、アッカンベー、ヤッター」

ナレーションG：みんなが力を合わせたので家ができあがり、みんなで「バンザイ」をしました。

歌 ②　セリフ「サッ、ハッ、ホッ、アッカンベー、ヤッター、バンザイ」

♪ 登場人物やお話を変えておもしろい歌を作ってみましょう。

27 小さな庭

作詞・作曲者不詳

1. ちいさなにわを
2. ちゅうくらいのにわを
3. おおきなにわを
よくたがやして

ちいさなたねを
ちゅうくらいのたねを
おおきなたねを
まきました　ぐんぐんのびて

はるになーって
ちいさなはなが
ちゅうくらいのはなが
おおきなはなが
さきました
ポッ！
ホワッ！
ワッ！

1番

① ちいさなにわを
両手の人差し指で小さな四角を描く。

② よくたがやして
たがやす動作をする。

③ ちいさなたねを
人差し指で空間に小さな円を描く。

④ まきました
たねをつまんで2回、まく動作をする。

⑤ ぐんぐんのびて
両手のひらを合わせ、めの出る動作をする。

⑥ はるになって
両手を振りながら下へおろしていく。

⑦ちいさなはながさきました。

両手首をくっつけて、小さなつぼみを作る。

⑧ポッ！

手首をくっつけたまま、指の先を少しあける。

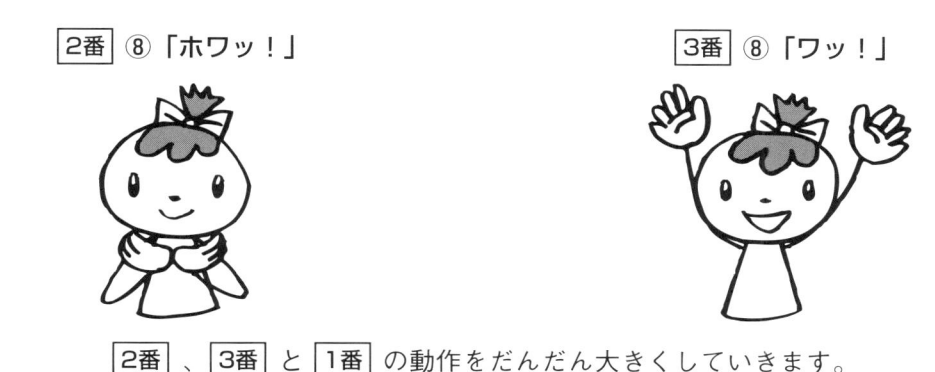

2番 ⑧「ホワッ！」

3番 ⑧「ワッ！」

2番、3番と1番の動作をだんだん大きくしていきます。

♪ 季節を夏に変えたり、スイカやメロンの種に変えてもおもしろいでしょう。子ども達と歌を作ってみましょう。
♪ 手で花を表わすだけでなく、ジャンプをしたり体全体で表現してもおもしろいでしょう。

バリエーション　ちいさな畑

作詞・作曲者不詳

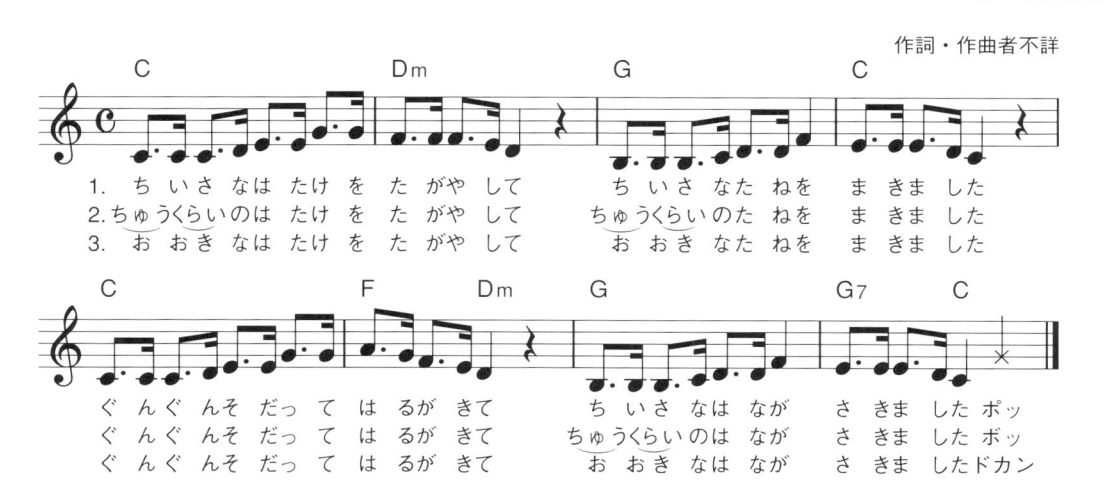

1. ちいさなはたけを たがやして ちいさなたねを まきました
2. ちゅうくらいのはたけを たがやして ちゅうくらいのたねを まきました
3. おおきなはたけを たがやして おおきなたねを まきました

ぐんぐんそだって はるがきて ちいさなはなが さきました ポッ
ぐんぐんそだって はるがきて ちゅうくらいのはなが さきました ボッ
ぐんぐんそだって はるがきて おおきなはなが さきました ドカン

28 チェッチェッコリ

ガーナ民謡

伴奏例 (Am)

チェッチェッ コリ チェッチェッ コリ チェッ コリ サ
チェッ コリ サ リ サッ サマン ガン リ サッ サマン ガン
サッ サマン ガン サッ サマン ガン ホンマンチェッチェッ ホンマンチェッチェッ

Ⓐ（リーダー）／Ⓑ（全員）

① リーダーは振りをつけてⒶを歌う。
② 全員でⒶを模倣する。
　（Ⓐは、リーダーが手、足、腰を使い、ゆかいなポーズを作る）
③ 歌い終わったらリーダーを交代し、ゲームを続ける。

振りの例

手を頭に、腰を振る。　　手を腰にあて振る。　　手をひざにあて腰を振る。

♪ ガーナのあそび歌で世界中の子ども達に親しまれています。リズムにのって、楽しいポーズをとったり、楽器を使って楽しみましょう。

29 のねずみ

鈴木一郎 作詞
イギリス民謡

1. いっぴきの
2. にひきの
3. さんびきの
4. よんひきの
5. ごひきの

のねずみが あなのなか とびこんで

1. チュッ チュチュチュ チュ チュッ チュチュッ チュ
2. （2回くり返す）
3. （3回くり返す）
4. （4回くり返す）
5. （5回くり返す）

おおさわぎ

1番

①いっぴきの 
体の後ろから右手人差し指を振りながら前に出す。

②のねずみが 
①と同じように左手を出す。

③あなのなか 
両手でまるを作る。

④とびこんで 
左手で半円を作り右手をその中に入れる。

⑤チュッチュ チュチュチュ チュッチュ チュッチュ 
両手人差し指を打ち合わせながら上に上げる。

⑥おおさわぎ 
両手の人差し指を動かしながら後ろにかくす。

2番〜**5番** 指を1本ずつ増やしていき **1番** と同じ動作をする。

♪動物や鳴き声を変えて楽しんでみましょう。

30 チョキチョキダンス

佐倉　智子　作詞
おざわたつゆき　作曲

1.～3. ララ ラ {みぎて / ひだりて / りょうて} ララ ラ {みぎて / ひだりて / りょうて} ララ ラ
{みぎて / ひだりて / りょうて} を　くるりんぱ　チョキチョキダンス を
みんなでおどろう　パ パーン パパン パン パン （スマイル）

1番

① ラララ　みぎて
　 ラララ　みぎて
　 ラララ　みぎてを

右手を右に振る。

② くるりんぱ

右手をグーにし、手首を回し「ぱ」のところで開く。

③ チョキチョキダンスを
　 みんなでおどろう

右手をチョキにして左右に振る。

④ パパンパパンパンパン

歌のリズムに合わせて手拍子をする。

⑤ スマイル

両手の人差し指で笑った顔をする。

2番　左手で 1番 と同じ。

3番　両手で 1番 と同じ。

♪ スマイルのところは「レッツゴー」、「ピース」のような好きなポーズを入れて楽しみましょう。

31 Happy Dance
(チョキチョキダンス)

Michiko Seo 英語詞
おざわたつゆき 作曲

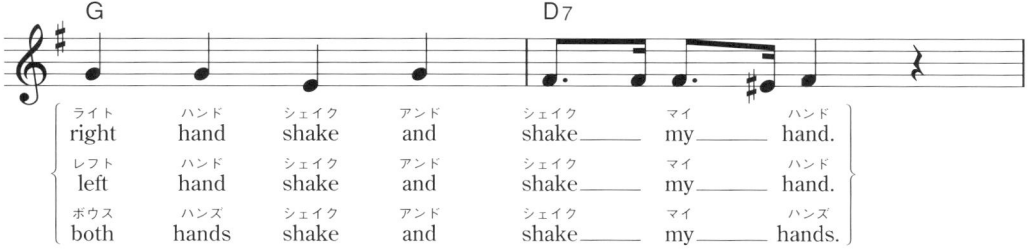

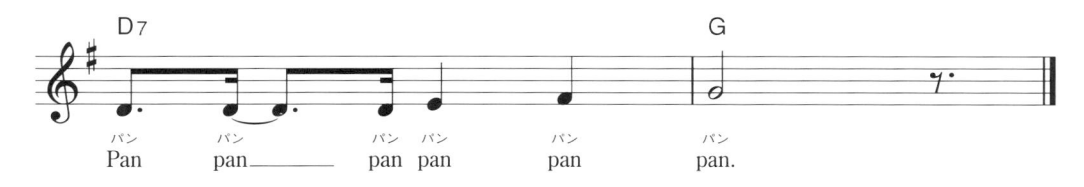

英語で歌ってみましょう

La la la { right hand shake, / left hand shake, / both hands shake, } La la la { right hand shake, / left hand shake, / both hands shake, } La la la

{ right hand shake and shake my hand. / left hand shake and shake my hand. / both hands shake and shake my hands. }

Hap-py hap-py dan-cing. Dan-cing to-ge-ther

Pan pan pan pan pan pan.

伴奏で使ってみましょう

〈ト長調のコード〉

●基本形   G C D D7

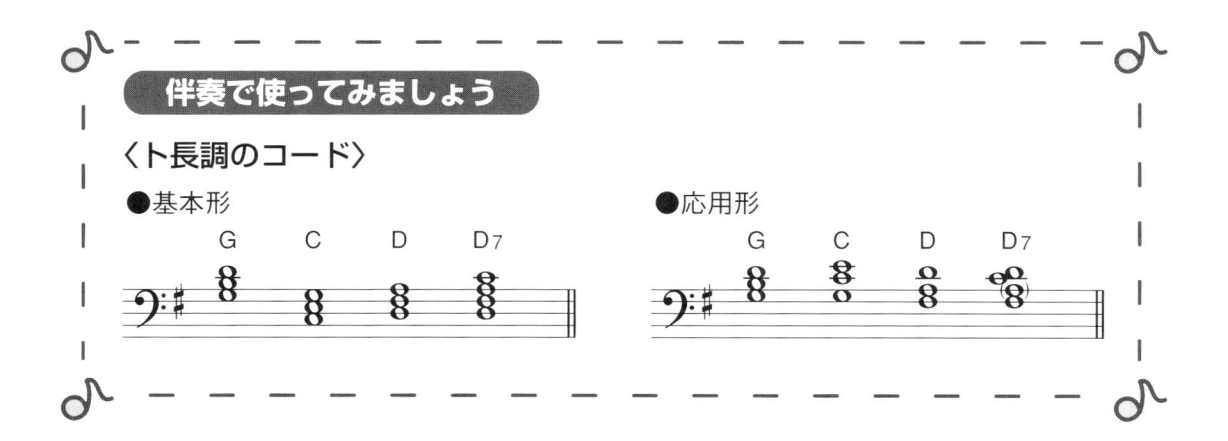

●応用形   G C D D7

32 手をたたきましょう

小林純一 作詞
外国曲
Michiko Seo 編曲

あかるく、げんきに

mf

1.~3. てーをー たーたき まーしょう　タン タン タン　タン タン タン

あー しーぶ みー し まーしょう　タン タン タン タン　タン タン タン

わらいましょう　アッ ハッ ハッ　わらいましょう　アッ ハッ ハッ
おこりましょう　ウン ウン ウン　おこりましょう　ウン ウン ウン
なーきーましょう　エン エン エン　なーきーましょう　エン エン エン

アッ ハッ ハッ　アッ ハッ ハッ　あ あ お も　しろい
ウン ウン ウン　ウン ウン ウン
エン エン エン　エン エン エン

♪ 「笑った顔」「おこった顔」や「悲しい顔」はそれぞれ表情たっぷりに歌いましょう。

33 Let's Clap Hands
(手をたたきましょう)

ジュリー・ソーレス 英語詞
Michiko Seo 補詞
外国曲

1.~3. Come, Everybody, Clap your hands. Tan Tan Tan Tan Tan Tan

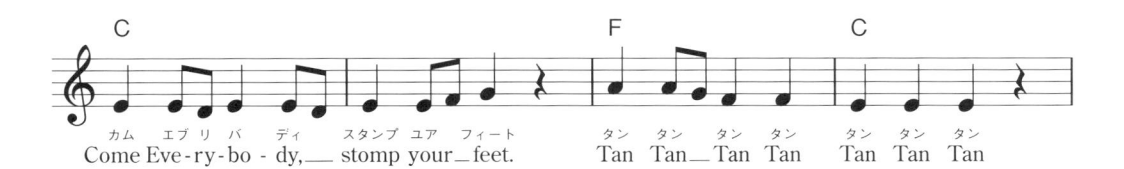

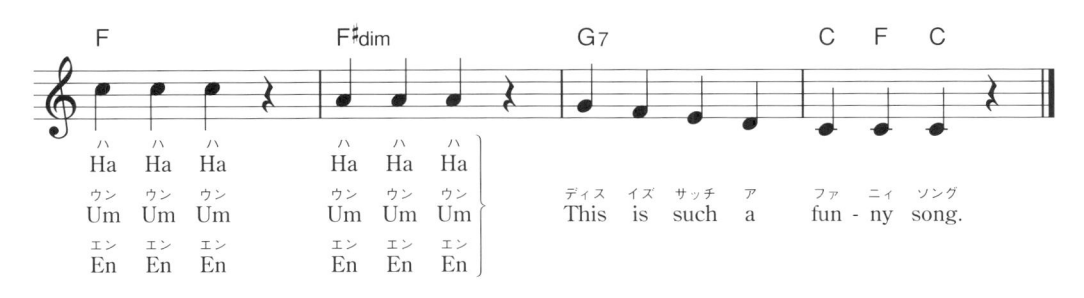

Come Everybody, stomp your feet. Tan Tan Tan Tan Tan Tan Tan

Make a happy face, Ha Ha Ha Make a happy face, Ha Ha Ha
Make an angry face, Um Um Um Make an angry face, Um Um Um
Make a sad face, En En En Make a sad face, En En En

Ha Ha Ha Ha Ha Ha
Um Um Um Um Um Um This is such a funny song.
En En En En En En

happy face angry face sad face

34 トントントントンひげじいさん

（ジョリバージョン）

作詞者不詳
玉山英光　作曲

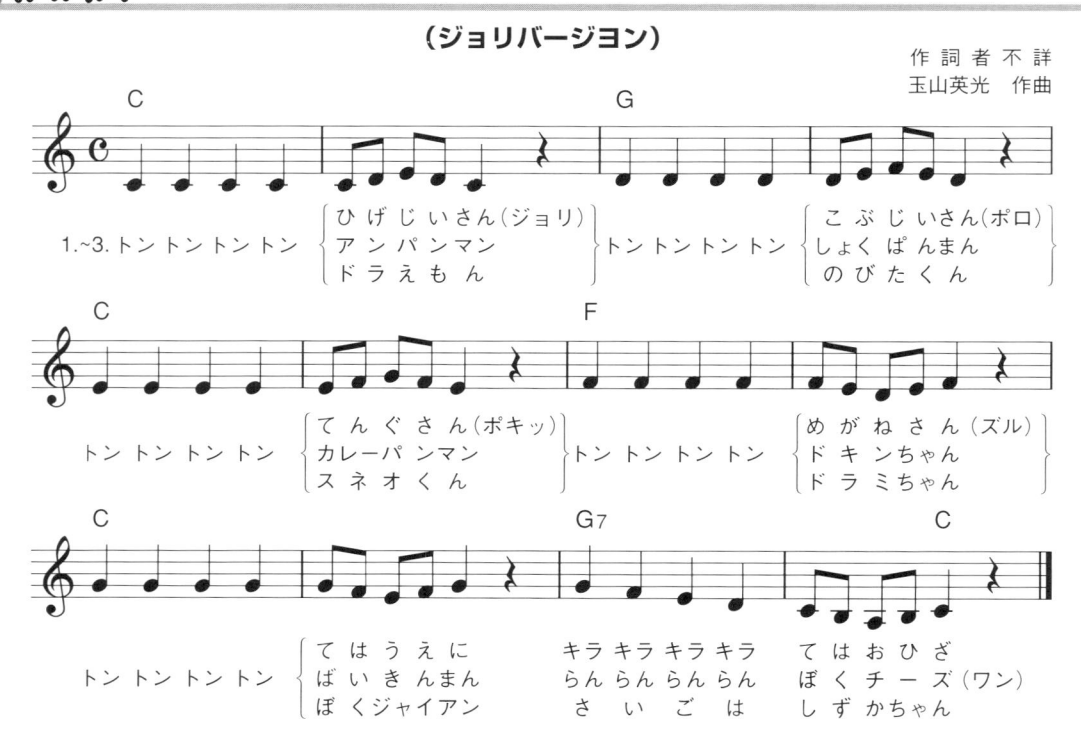

1.~3. トン トン トン トン　｛ ひげじいさん（ジョリ） / アンパンマン / ドラえもん ｝　トン トン トン トン　｛ こぶじいさん（ポロ） / しょくぱんまん / のびたくん ｝

トン トン トン トン　｛ てんぐさん（ポキッ） / カレーパンマン / スネオくん ｝　トン トン トン トン　｛ めがねさん（ズル） / ドキンちゃん / ドラミちゃん ｝

トン トン トン トン　｛ て は うえ に / ばいきんまん / ぼくジャイアン ｝　キラ キラ キラ キラ / らん らん らん らん / さ い ご は　て は お ひざ / ぼく チーズ（ワン） / しず か ちゃん

トントントントン　①**ひげじいさん**　（ジョリ）　②**こぶじいさん**

「トントントン」は同じ動作をくり返す。　　　　　片方の手をズラす。

（ポロ）　③**てんぐさん**　（ポキッ）　④**めがねさん**

両手を下へズラす。　　　　　片方の手をズラす。

（ズル）　　　　　⑤てはうえに　　　⑥キラキラキラキラ 　　⑦てはおひざ

手を下へズラす。

バリエーション1　　　　　　　　　　　アンパンマンバージョン

トントントントン　　①アンパンマン 　　②しょくぱんまん  　　③カレーパンマン

④ドキンちゃん 　　⑤ばいきんまん 　　⑥らんらんらんらん 　　⑦ぼくチーズ（ワン）

犬のように手を作る。

バリエーション2　　　　　　　　　　　ドラえもんバージョン

トントントントン　　①ドラえもん　　②のびたくん 　　③スネオくん

④ドラミちゃん 　　⑤ぼくジャイアン 　　⑥さいごは　しずかちゃん

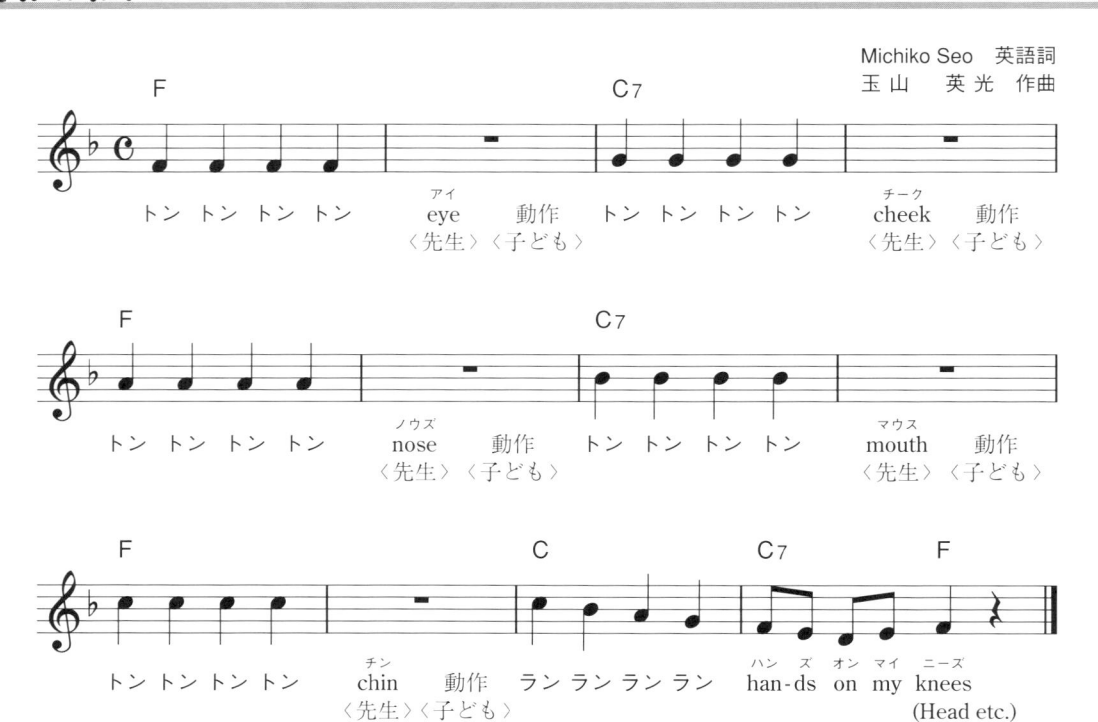

35 トン・トン・トン・トン・Chin

英語で歌ってみましょう

Michiko Seo 英語詞
玉山 英光 作曲

トン トン トン トン　eye 動作　トン トン トン トン　cheek 動作
〈先生〉〈子ども〉　　　　　　　　　　　　　　〈先生〉〈子ども〉

トン トン トン トン　nose 動作　トン トン トン トン　mouth 動作
　　　　　　　　　〈先生〉〈子ども〉　　　　　　　　　　　　〈先生〉〈子ども〉

トン トン トン トン　chin 動作　ラン ラン ラン ラン　han-ds on my knees
　　　　　　　　　〈先生〉〈子ども〉　　　　　　　　　　　　　　　　　　(Head etc.)

🌼 〈先生〉はその部分に手をもっていき、それを見て〈子ども〉が先生の動作のまねをする。

トントントントン　　　eye（目）　　　cheek（ほほ）
　　　　　　　　　　　アイ　　　　　　　チーク

nose（はな）　　mouth（口）　　chin（下あご）
ノウズ　　　　　マウス　　　　　チン

ランランランラン　　　hands on my knees.（Head etc.）
　　　　　　　　　　ハンズ　オン　マイ　ニーズ　　ヘッド

両手を振りながら下におろしていく。　　両手をひざの上にのせる。
　　　　　　　　　　　　　　　　　　（頭などに変えてもよい。）

♪ 体のいろいろな部分をいってみよう。
　　elbow（肘）　chest（胸）　arm（うで）　back（背中）　neck（首）　navel（へそ）
　　エルボー　　チェスト　　　アーム　　　　バック　　　　ネック　　　ネイブル

♪ 子ども達の身のまわりのものを英語でいってみましょう。
　　たとえば、shoes（くつ）、bag（かばん）、umbrella（かさ）、pencil（エンピツ）、
　　　　　　　シューズ　　　　バッグ　　　　アンブレラ　　　　ペンシル
　　desk（つくえ）など…
　　デスク

36 のぼるよコアラ

作詞・作曲者不詳

G　　　　　　　　　　　　　　　Am　　　　G

1. のぼるよのぼるよ｝コアーラー　ユーカリのきを　ゴーゴーゴー
2. おりるよおりるよ

G　　　　　　　　　　　　　　　Am　　　　G

｛のぼるよのぼるよ｝コアーラー　｛おひさまこんにちは　ハロー
｛おりるよおりるよ　　　　　　　｛さよならしましょグッバイ

1番

①のぼるよ のぼるよ コアラ ユーカリのきを

両手をトントンと交互に動かし、木を登る動作をする。

②ゴー ゴー ゴー

右手をグーにしてうでを3回大きく振る。

③のぼるよ のぼるよ コアラ

①と同じ動作をする。

④おひさまこんにちは ハロー

空をあおぐように手をかざす。

ハローに合わせて手首をくるっと回す。

2番

①おりるよ　おりるよ　コアラ　ユーカリのきを

両手をトントンと交互に動かし、木をおりる。

②ゴー　ゴー　ゴー

1番 ②と同じ動作をする。

③おりるよ　おりるよ　コアラ

2番 ①と同じ動作をする。

④さよならしましょ　グッバイ

グッバイをする。

♪リズムにのって足や体を動かしてみましょう。

伴奏で使ってみましょう

はたけのポルカ

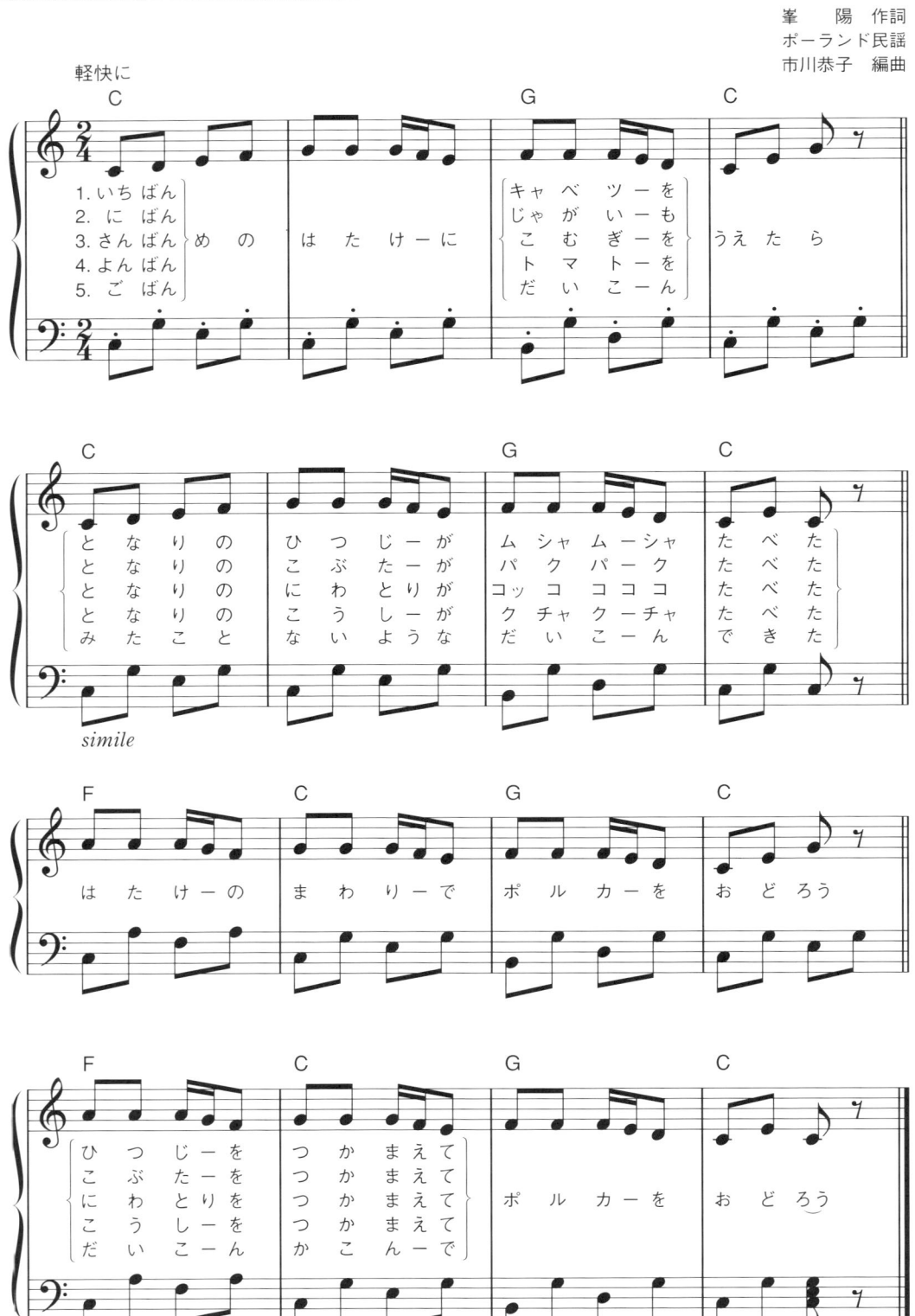

峯　陽　作詞
ポーランド民謡
市川恭子　編曲

軽快に

1. いちばん
2. にばん
3. さんばん めの はたけーに
4. よんばん
5. ごばん

キャベツーを
じゃがいーもを
こむぎーを うえたら
トマトーを
だいこーん

と　なりーのひつじーががムシャムシャた　べ　た
と　なりーのこぶたーがわパクパクた　べ　た
と　なりーのこにわーとりががコッコココた　べ　た
と　なりーのこうしーがなクチャクチャた　べ　た
と　なりーのみたこと　　だいこーんで

はたけーの まわりーで ポルカーを おどろう

ひつじーを
こぶたーを つかまえて
こにわーとりを つかまえて ポルカーを おどろう
こうしーを つかまえて
だいこーん つかこんーで

1番

①いちばんめのはたけに　キャベツをうえたら

手をつなぎ回る。

②となりのひつじが　ムシャムシャたべた

手をつなぎ反対方向へ回る。

③はたけのまわりで　ポルカをおどろう

手を組んで回る。

④ひつじをつかまえて　ポルカをおどろう

手を組んで反対方向へ回る。

2番　～　5番　　①～④をくり返す。

♪ペアを変えたり、動きを考えたりして、踊ってみましょう。

38 ハべえさんと十べえさん

わらべうた
阿部直美 補作詞

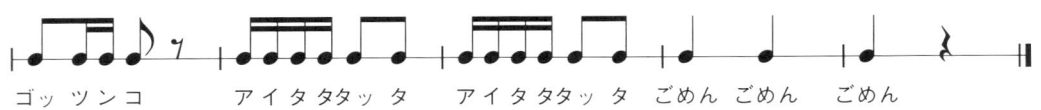

はちべえさんと じゅうべえさんが けんかして ハッ おってけにげてけ
おってけにげてけ いどのなかにおっこって かおをだしたら
ゴッツンコ アイタタタッタ アイタタタッタ ごめん ごめん ごめん

①はちべえさんと

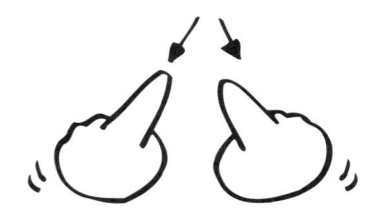

両手の人差し指で八の字を作る。

②じゅうべえさんが

両手の人差し指を重ねて十の字を作る。

③けんかして

両手の人差し指を打ち合わせる。

④ハッ

人差し指を左右へ開く。

⑤おってけ　にげてけ　　　　　おってけ　にげてけ

両手の人差し指を同じ方向に動かす。

⑥いどのなかに　　　　　　　おっこって

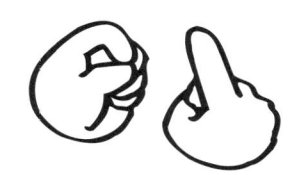

左手を軽く握って作った指の間に。　　右手の人差し指を入れる。

⑦かおをだしたら　　　　　　⑧ゴッツンコ

同様にして右手の人差し指を下から出す。　グーにしてゴッツンコする。

⑨アイタタ　タッタ　アイタタ　タッタ　　⑩ごめん　ごめん　ごめん

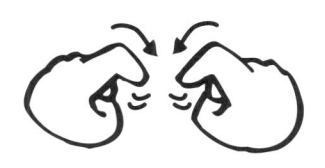

両手で頭をおさえる。　　　　両手の人差し指を向き合わせで、おじぎをする。

67

39 パンダ・うさぎ・コアラ

高田ひろお 作詞
乾 裕樹 作曲

おい で おい で おい で おい で パンダ （パンダ）

おい で おい で おい で おい で うさぎ （うさぎ）

おい で おい で おい で おい で コアラ （コアラ）

パンダ うさぎ コアラ

パンダうさぎコアラ （パンダうさぎコアラ）

パンダうさぎコアラ （パンダうさぎコアラ）

パンダうさぎコアラ （パンダうさぎコアラ）

パンダ うさぎ コアラ

（くり返す）

①おいでおいでおいでおいで

手で「おいで」を4回する。

②パンダ（パンダ）

手で輪を作り目にあてる。

③おいでおいでおいでおいで

①と同じ動作をする。

④うさぎ（うさぎ）

両手をうさぎの耳のようにする。

⑤おいでおいでおいでおいで

①と同じ動作をする。

⑥コアラ（コアラ）

両手でコアラが木を抱える動作をする。

⑦パンダ　うさぎ　コアラ

②、④、⑥と同じ動きをする。

♪子ども達に集まってほしい時、動物のところを子どもの名前に変えると、楽しく集まって
　くれるでしょう。
♪コアラやパンダのほかに動物を変えてもおもしろいでしょう。

40 パン屋さんにおかいもの

佐倉　智子　作詞
おざわたつゆき　作曲

1. パンパンパンやさんに おかいもの
2. ホイホイ たくさん まいどあり

サンドイッチに メロンパン ね
じりドーナツ パンのみみ チョコパンふたーつ
｛くださいな
　はいどうぞ｝

① パンパンパンやさんに おかいもの
　（ホイホイたくさんまいどあり）
歌に合わせて手拍子をする。 

② サンドイッチに 
両手でほほをはさむ。

③ メロンパン 
両手でまるを作る。

④ ねじりドーナツ 
両手をグーにして胸の前で回す。

⑤ パンのみみ 
耳を引っぱる。

⑥ チョコパンふたつ 
チョキを作り左右に振る。

⑦ くださいな
　（はいどうぞ） 
パンを渡す動作をする。

バリエーション

🌸 パン屋さんとお客さんになって遊びましょう。

①パンパンパンやさんに おかいもの
（ホイホイたくさんまいどあり）

歌に合わせて手拍子をする。

②サンドイッチに

お客さんはパン屋さんの
ほほを両手ではさむ。

③メロンパン

目の下を両人差し指で
アカンベをする。

④ねじりドーナツ

鼻をつまむ。

⑤パンのみみ

耳を引っぱる。

⑥チョコパンふたつ

脇をくすぐる。

1番 ⑦くださいな

手を3回打つ。

2番 ⑦はいどうぞ

パン屋さんはパンを渡す動作をする。

71

まがりかど

今井弘雄　作詞
倉橋惣三　作曲

1. とうさんが
2. かあさんが
3. にいさんが
4. ねえさんが
5. あかちゃんが

かけてきて

とうさんが
かあさんが
にいさんが
ねえさんが
あかちゃんが

かけてきて　まがりかどで　ぶつかって

1.〜4. おまえがわるいんだぞ
（　　さんごめんなさい）
5. ババババブブブブブー

おまえがわるいんだぞ
　　さんごめんなさい）
ババババブブブブブー

ふたりそろって　ぷんぷんぷん
（はっはっはっ
エンエンエン）

①とうさんが かけてきて

②とうさんが かけてきて

③まがりかどで ぶつかって

右手の親指を動かしながら体の前に出す。

左手の親指を動かしながら体の前に出す。

親指どうしをぶつける。

④おまえがわるいんだぞ
　おまえがわるいんだぞ

⑤ふたりそろって ぷんぷん

⑥ぷん

右手の親指で左手の親指を上から押さえ、その反対の動作もする。

指を振りながら体の後ろにもっていく。

体の後ろに手をかくす。

|2番| かあさん　　|3番| にいさん 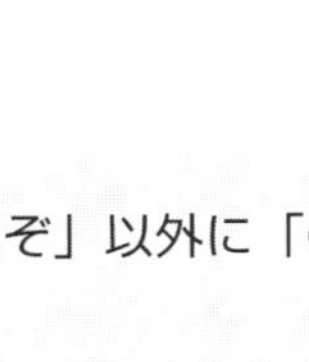　　|4番| ねえさん 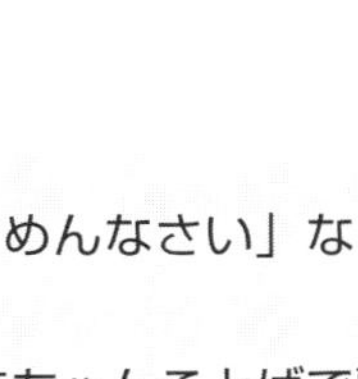　　|5番| あかちゃん

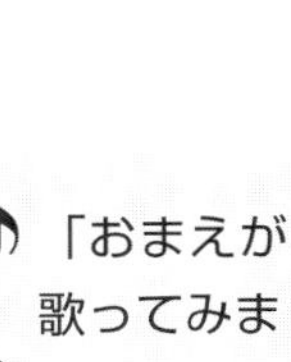

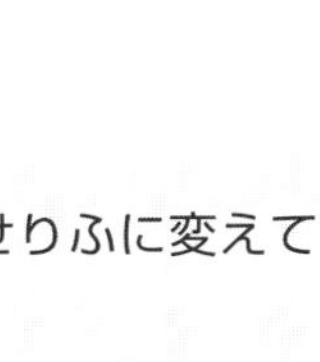

♪「おまえがわるいんだぞ」以外に「○○さんごめんなさい」など、別のせりふに変えて歌ってみましょう。
♪5番は赤ちゃんことばババババブブブブブーと赤ちゃんことばで歌ってみましょう。

42 森の中から

わらべうた

せっせっせ の よいよいよい もりの なかから おばけが にょろにょろ

(4回くり返す)

おばけの	あとから	とうふやさん が	プーッ プーッ
とうふやさんの	あとから	おまわりさん が	ピリー ピリー
おまわりさんの	あとから	どろぼう が	こっそりこっそり
どろぼうの	あとから	おすもうさん が	どっしんどっしん

おすもうさんの あとから あまえんぼうが だっこしておんぶしてじゃんけんほい

♪ 「とうふやさん」、「おまわりさん」…などのかわりにほかの登場人物も考えてみましょう。

①せっせっせーの よいよいよい

手をつないで振る。

②もりのなかから

左手のひらを上向きにし、右手で自分の左手を打ってから、相手の左手を打つ。

③おばけが にょろ にょろ

両手を前に出し、おばけのようにゆらす。

④おばけのあとから　とうふやさんが
　プーッ　プーッ

②と同じ動作をし、次にラッパを
吹く動作をする。

⑤とうふやさんのあとから　おまわりさんが
　ピリー　ピリー

②と同じ動作をし、次に交通整理
の動作をする。

⑥おまわりさんのあとから　どろぼうが
　こっそり　こっそり

②と同じ動作をし、次に忍び足の
動作をする。

⑦どろぼうのあとから　おすもうさんが
　どっしん　どっしん

②と同じ動作をし、次にしこを踏
む動作をする。

⑧おすもうさんのあとから　あまえんぼうが
　だっこして　おんぶして

②と同じ動作をし、次にだっこと
おんぶの動作をする。

⑨じゃんけん　ほい

かいぐりをしてから、ジャンケンをする。

75

やおやのおみせ

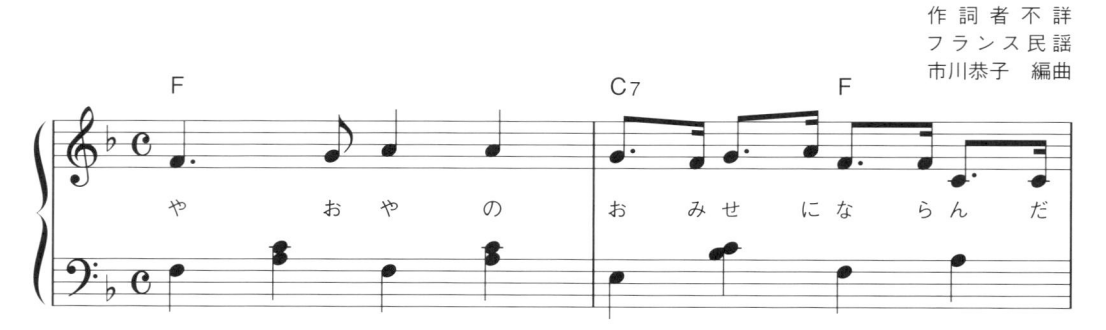

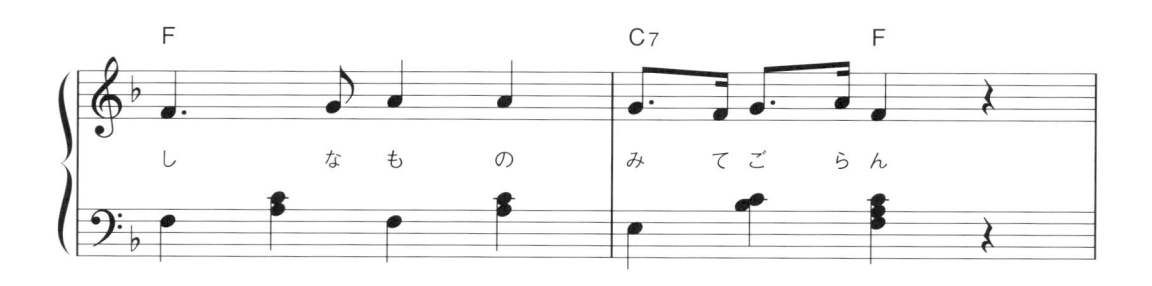

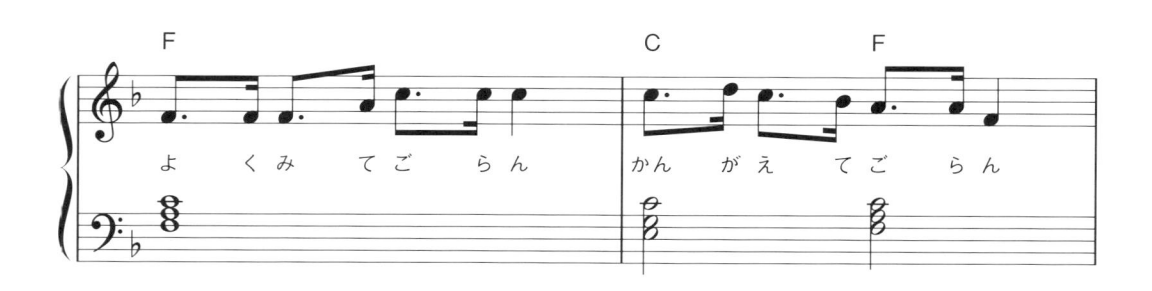

作詞者不詳
フランス民謡
市川恭子 編曲

やおやの おみせに ならんだ
しなもの みてごらん
よくみてごらん かんがえてごらん
にんじん にんじん あー

① やおやのおみせにならんだ

歌に合わせて手拍子をする。

② しなもの みてごらん

手をひたいにあて見る動作をする。

③ よくみてごらん

人差し指で、まわりをさす動作をする。

④ かんがえてごらん

うでを組んで考える動作をする。

⑤ 「にんじん」「にんじん」……あー

ニンジン
ジャガイモー

八百屋で売っているものを子どもが答え、続いて全員で答える。
答えがまちがっていた場合は「あー」の変わりに「ブブーッ」
という。

♪ いろいろなお店屋さんの歌を作ってみましょう。
♪ テンポを速くしてもおもしろいでしょう。

44 やきいもグーチーパー

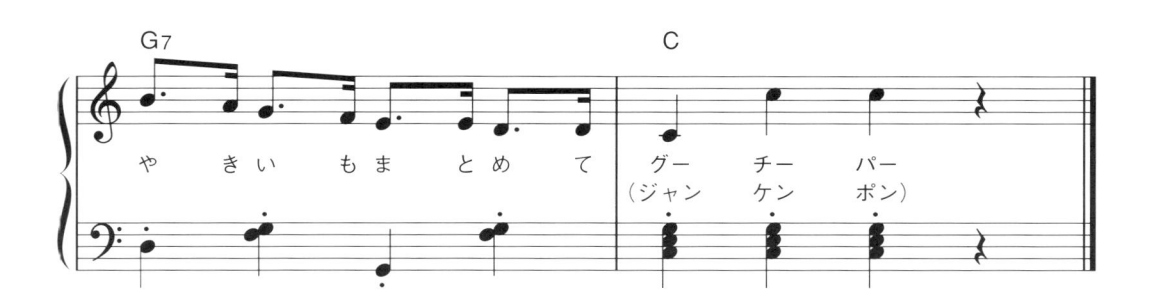

阪田寛夫　作詞
山本直純　作曲

やきいも やきいも おなかが グー
ほかほか ほかほか あちちの チー
たべたら なくなる なんにも パー それ
やきいも まとめて グー チー パー
（ジャン ケン ポン）

①やきいも やきいも

手でやきいものかたちを作る。

②おなかが

おなかをおさえる。

③グー

グーを前に出す。

④ほかほかほかほか あちちの

両手を下でグー上でパーにしてゆげのようにする。

⑤チー

チョキを前に出す。

⑥たべたらなくなる なんにも

左右交互に食べる動作をする。

⑦パー

パーを前に出す。

⑧それやきいもまとめて

手を4回打つ。

⑨グーチーパー

グー
チョキ } を出す。
パー

⑨の変わりに…

ジャンケン

手をグーにしてかいぐりをする。

ポン

ジャンケンをする。

45 山小屋いっけん

志摩 桂 作詞
アメリカ民謡

1. やまごや いっけん ありました まどから みている おじいさん
   かわいい うさぎが ピョンピョンピョン こちらへ にげてき た
2. たすけて たすけて おじいさん りょうしの てっぽう こわいんです
   さあ さあ はやく おはいんなさい もう だいじょうぶだ よ

① やまごやいっけん ありました
両手の人差し指で山小屋の 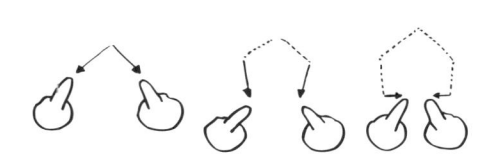
かたちを描く。

② まどからみている おじいさん 
両手の親指と人差し指で輪を作
り、目にあて顔を左右に動かす。

③ かわいいうさぎが 
右手をチョキにする。

④ ピョンピョンピョン 
チョキにした指を曲げたり
のばしたりする。

⑤ こちらへにげてきた 
④の動作で右から左へ
移動させる。

⑥ たすけてたすけて おじいさん 
両手でバンザイをする。

⑦ りょうしのてっぽう
   こわいんです 
右手親指と人差し指で鉄砲を
うつ動作をする。

⑧ さあさあはやく
   おはいんなさい 
左手（右手）で手まねきを
4回する。

⑨ もうだいじょうぶだよ 
右手の人差し指と中指を立て
（うさぎの耳のかたち）左手
でやさしくなでる。

バリエーション　　ピカチュウバージョン

1. みぎ　から　｝
2. ひだり　から　｝ピカチュウ　やってきて
3. りょうほうから　｝

　かわ いく　｝
　かっこよく　｝なきました　ピカチュウ
　すてきに　｝（ピカチュウ　ピカチュウ）

1.2. こっちのピカチュウも　でておいで
3. これから　□　はじまるよ
（さあさあ）

ランラ　ランラ　ランラ　ランラ　ラ　ピカチュウ
しずかに　まっててね
（※同上でもよい）

1番

①みぎからピカチュウ　やってきて 
右手をキツネのかたちにし、左右にゆらしながら肩のところまでもってくる。

②かわいくなきました 
その場で歌に合わせて左右に動かす。

③ピカチュウ 
①の手でこんにちはをする。

④こっちのピカチュウも でておいで 
①の手で左肩をたたく。

⑤ランラ　ランラ　ランラ　ランラ　ラ 
右手を体の後ろにかくす。

⑥ピカチュウ 
③と同じ動作をする。

2番
1番の動作を左手でする。

3番
1番の動作を両手でする。

♪ □ の所は「お話」や「お弁当」などのことばを入れて歌ってみましょう。

46 指さんどこですか

作詞者不詳
フランス民謡

1. とうさん
2. かあさん
3. にいさん   ゆび どこです ここよ ここよ
4. ねえさん
5. あかちゃん

おげんきですか ありがとげんき ではまた さようなら

1番

① とうさんゆび どこです 
両手を体の後ろへかくす。

② ここよ ここよ 
両手の親指を正面に出す。

③ おげんきですか 
親指どうし4回打ち合わせる。

④ ありがと げんき 
親指を向かい合わせて、曲げておじぎをする。

⑤ ではまた さようなら 
両手を体の後ろへかくす。

2番〜5番

かあさんゆび → 人差し指
にいさんゆび → 中　　指
ねえさんゆび → くすり指
あかちゃんゆび → 小　　指

♪「とうさんゆび」のところを「○○ちゃん」と子どもの名前に変えて歌ってみましょう。

47 Where Is Thumb?
（親指さんどこですか？）

作詞者不詳
フランス民謡

Where is thu-mb　Where is thu-mb
How are you?　How are you?
ve-ry well I thank you.　ve-ry well I thank you.
b-ye bye　b-ye bye

🌸 遊び方は、日本語と同じです。

♪ 「Thumb（親指）」のところを「〇〇ちゃん」と子どもの名前に変えて歌ってみても楽しいでしょう。

伴奏で使ってみましょう

〈コード例〉

C　Dm　Em　F　G　G7　Am　Bdim

48 Are You Sleeping?
(ねているの？)

フランス民謡

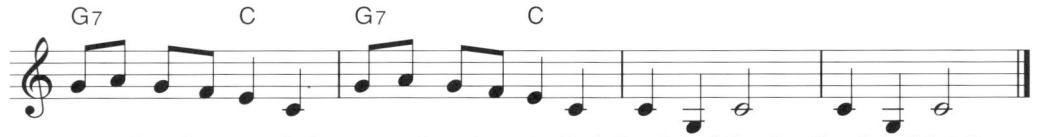

Are you sleeping, Are you sleeping, lovely bird, lovely bird?
Morning bells are ringing, Morning bells are ringing. Ding, dong, ding! Ding, dong, ding!

Are you sleeping,
ねているの

Are you sleeping,
ねているの

Lovely bird,
かわいいことりさん

lovely bird?
かわいいことりさん

Morning bells are ringing,
目ざまし時計が鳴ってるよ

Morning bells are ringing.
目ざまし時計が鳴ってるよ

(Ding, dong, ding! Ding, dong, ding!)

手話の動作で歌いましょう！

① Are you
アー ユー

右手の人差し指で相手を指す。

② sleeping,
スリーピング

両手を合わせて右のほほにつける。

③ lovely bird,
ラブリィ バード

両手の手のひらを下向きにして上下に振る。

④ Morning bells are
モーニング ベルズ アー

右に頭を傾けて、右手のこぶしをこめかみのあたりにあて下にさげる。

⑤ ringing.
リンギング

右手の親指と人差し指で何かをつまむようにして、振る。

⑥ Ding, dong, ding!
ディング ドング ディング

両手を振りながら下におろしていく。

バリエーション

このほかに lovely dog（かわいい犬）、lovely cat（かわいいねこ）なども作ってみましょう。

lovely dog
ラブリィ ドッグ

両手を頭の両耳につけて、親指以外の4本の指を前に倒す。

lovely cat
ラブリィ キャット

右のこぶしを右のほおにおき、手首から軽く前に動かす。

49 ワニの家族

かみつぼマヤ 作詞
峯 陽 作曲

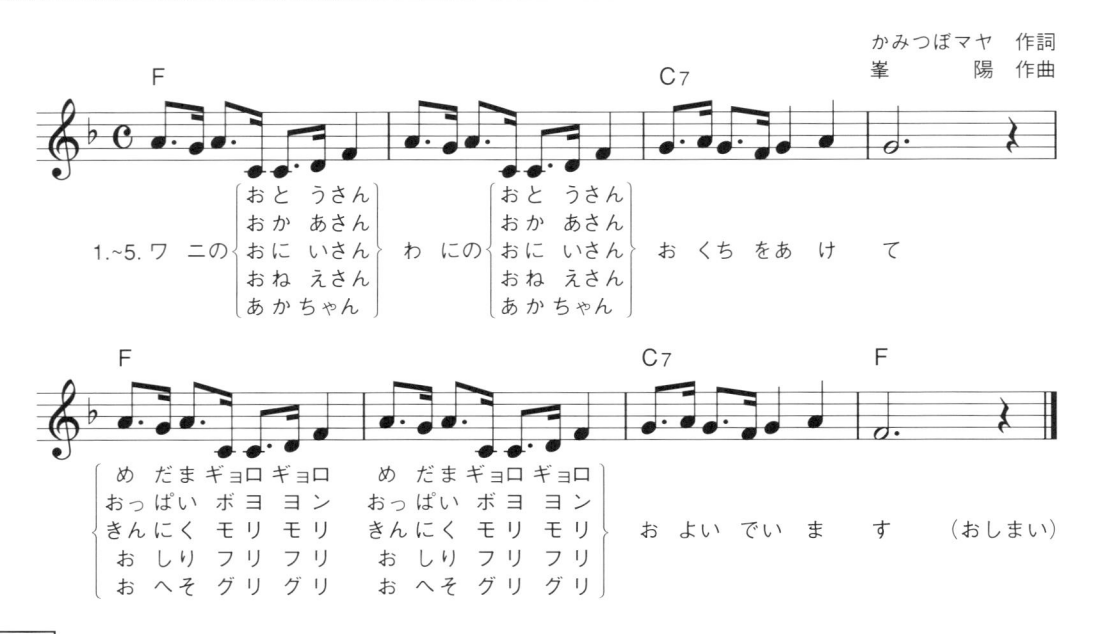

1.~5. ワニの {おとうさん / おかあさん / おにいさん / おねえさん / あかちゃん} わにの {おとうさん / おかあさん / おにいさん / おねえさん / あかちゃん} おくちをあけて

{めだまギョロギョロ / おっぱいボヨヨン / きんにくモリモリ / おしりフリフリ / おへそグリグリ} {めだまギョロギョロ / おっぱいボヨヨン / きんにくモリモリ / おしりフリフリ / おへそグリグリ} およいでいます （おしまい）

1番

①ワニのおとうさん
　ワニのおとうさん
　おくちをあけて

②めだまギョロギョロ
　めだまギョロギョロ

③およいでいます

大きく開いて4回たたく。

平泳ぎのまねをする。

2番

②おっぱいボヨヨン　おっぱいボヨヨン

①と③は 1番 と同じ動作をする。

3番

①と③は 1番 と同じ動作をする。

②きんにくモリモリ　きんにくモリモリ

4番

①と③は 1番 と同じ動作をする。

②おしりフリフリ　おしりフリフリ

5番

①ワニのあかちゃん　ワニのあかちゃん
　おくちをあけて

②おへそグリグリ　おへそグリグリ

人差し指をつけたりはなしたり4回する。

おへそを指でおさえてグリグリする。

③およいでます

④おしまい

人差し指で泳ぐまねをする。

たてに大きく開いて閉じる。

♪ 1番 、 3番 は力強く、 2番 （オッパイ）、 4番 （おしり）はオーバーに、 5番 は
　かわいらしく表現しましょう。

50. Head, Shoulders, Knees And Toes
（頭・肩・ひざとつま先）

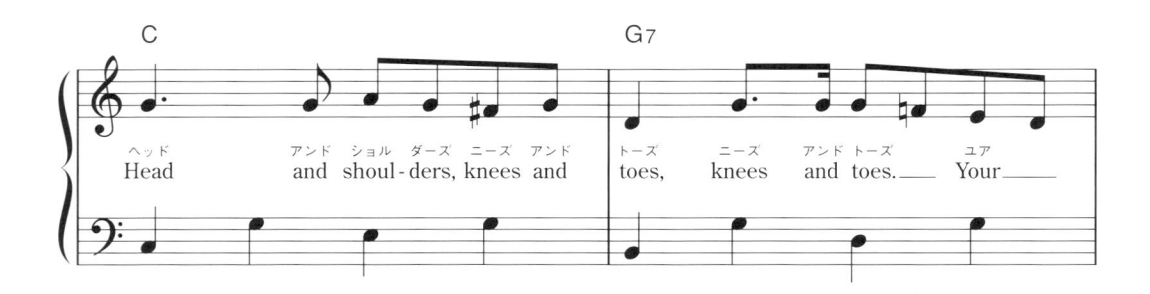

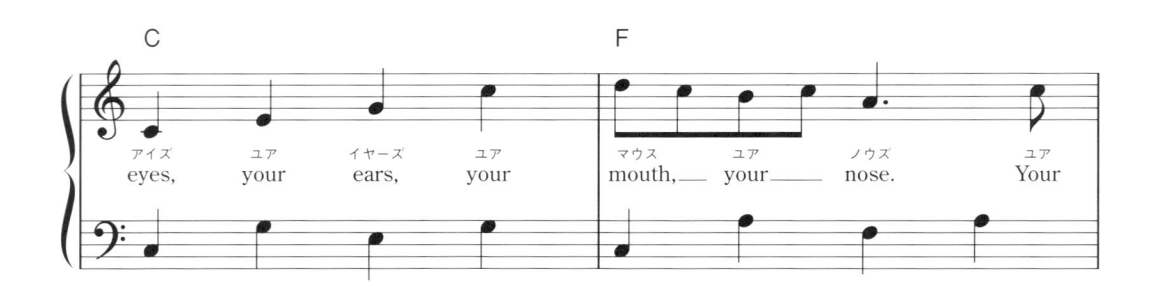

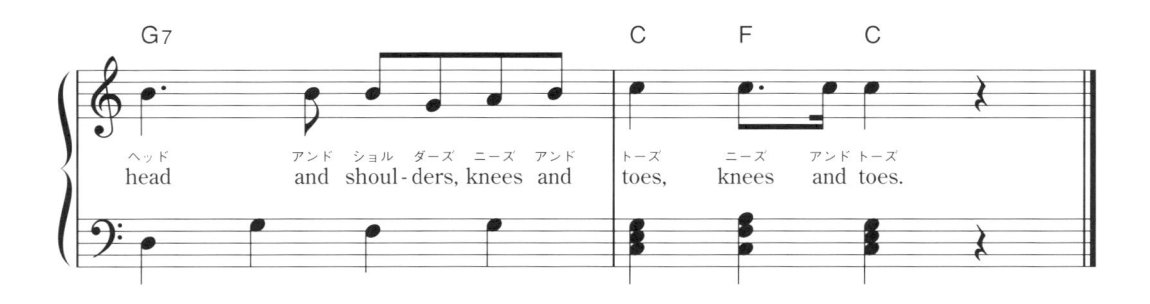

英語で歌ってみましょう

アメリカ童謡
市川恭子　編曲

Head and shoulders, knees and toes, knees and toes,

Head and shoulders, knees and toes, knees and toes. Your

eyes, your ears, your mouth, your nose. Your

head and shoulders, knees and toes, knees and toes.

① Head and　② shoulders,　③ knees and　④ toes,
　ヘッド　アンド　　ショルダーズ　　　ニーズ　アンド　　　トーズ

両手で頭をさわる。　両手で肩をさわる。　両手でひざをさわる。　両手でつま先をさわる。

⑤ knees and toes,　　⑥ Head and shoulders, knees and toes,
　ニーズ　アンド　トーズ　　　ヘッド　アンド　ショルダーズ　　ニーズ　アンド　トーズ

③〜④をくり返す。　　　　①〜⑤をくり返す。

⑦ Your eyes,　⑧ your ears,　⑨ your mouth,　⑩ your nose,
　ユア　アイズ　　ユア　イヤーズ　　ユア　マウス　　ユア　ノウズ

目をさわる。　耳をさわる。　口をさわる。　鼻をさわる。

⑪ Your head and shoulders, knees and toes, knees and toes.
　ユア　ヘッド　アンド　ショルダーズ　　ニーズ　アンド　トーズ　　ニーズ　アンド　トーズ

①〜⑤をくり返す。

♪うまくできたら、少しずつテンポをあげて歌ってみましょう。

89

51 Hello! (ハロー)

(こんにちは！)

Hel-lo! ___ Hel-lo! ___ Hel-lo! ___ How are you? I'm fine, I'm fine. I hope that you are, too.

英語で歌ってみましょう

〈先生〉　　Hello! Hello!
　　　　　こんにちは
　　　　　Hello! How are you?
　　　　　こんにちは、ごきげんよう

〈子ども〉　I'm fine, I'm fine,
　　　　　私も元気

〈先生と子ども〉　I hope that you are, too.
　　　　　あなたも元気でいてね

① Hello! Hello! Hello! How are you? 
手を振る。

② I'm fine, I'm fine. 
自分を指さす。

③ I hope that you are, too. 
手拍子をする。

♪ あいさつの歌です。先生が子どもに呼びかけたり、子どもどうしで気軽に歌ったりしてみましょう。

52. One・Two・トン

英語で歌ってみましょう

Michiko Seo　作詞・作曲

1. One, Two, トン トン トン　Three, Four, トン トン トン
   Five, Six, トン トン トン　Seven, Eight, Nine, Ten, トン トン トン
2. Eleven, Twelve, トン トン トン　Thirteen, Fourteen, トン トン トン
   Fifteen, Sixteen, トン トン トン　Seven-teen, Eigh-teen, Nine-teen, Twenty.

（大きな声でいう）

ワン	トゥー	スリー	フォー
one	two	three	four

one	1	eleven	11
two	2	twelve	12
three	3	thirteen	13
four	4	fourteen	14
five	5	fifteen	15
six	6	sixteen	16
seven	7	seventeen	17
eight	8	eighteen	18
nine	9	nineteen	19
ten	10	twenty	20

♪ トントントンのところで手を打ったり、カスタネットなどの楽器を使ってリズムを楽しみましょう。またトントントンは、トンコトン、トコトコトン、トトトトトなどリズムを変えてもおもしろいでしょう。

♪ 二人で向かい合いトントントンのところで相手の手を打ちます。またワン・トゥーのところは、呼びかけでトントントンはいろいろなリズムで答えてみるのも楽しいでしょう。

53 If You're Happy And You Know It, Clap Your Hands

イフ ユー アー ハッピー アンド ユー ノウ イット クラップ ユア ハンズ

（しあわせなら手をたたこう）

アメリカ民謡
市川恭子　編曲

1. If you're happy and you know it,　　　幸せなら
   <u>Clap your hands.</u>　　　　　　　　　　手をたたこう
   If you're happy and you know it,　　　幸せなら
   Then you really ought to show.　　　　態度でしめそうよ
   If you're happy and you know it,　　　幸せならなら
   <u>Clap your hands.</u>　　　　　　　　　　手をたたこう

1番
クラップ　ユア　ハンズ
Clap your hands.

Clap your hands のあとに両手を2回打つ。

2番
スタンプ　ユア　フィート
Stomp your feet.

足を鳴らす。

3番
タップ　ユア　ヒップ
Tap your hip.

おしりをたたく。

4番
タップ　ユア　ヘッド
Tap your head.

頭をたたく。

5番
セイ　ハロー
Say "Hello!"

「こんにちは」という。

6番
ドゥー　オール　ファイブ
Do all five.

それまでの5つの動作を順番にすべてやる。

※ 2番 3番 4番 5番 6番 は 1番 の ——— の引いてあるところが変化していきます。

54 Touch・Shake・Stomp
（くわのきをまわりましょう）

Michiko Seo 英語詞
イギリス民謡

1. **Touch your right hand.** 右手を合わせよう
   Touch your left hand. 左手を合わせよう
   Touch your both hands. 両手を合わせよう
   Clap hands together. 手をたたこう

2. **Shake your right hand.** 右手であく手しよう
   Shake your left hand. 左手であく手しよう
   Shake your both hands. 両手であく手しよう
   Clap hands together. 手をたたこう

3. **Stomp your right foot.** 右足で床をならそう
   Stomp your left foot. 左足で床をならそう
   Stomp your both feet. 両足で床をならそう
   Clap hands together. 手をたたこう

🌸 2人で向かい合って遊びましょう。

1番

① Touch your right hand.
（タッチ　ユア　ライト　ハンド）

② Touch your left hand.
（タッチ　ユア　レフト　ハンド）

両手を1回打って、右手と相手の右手を1回打つ。これを2回くり返す。

両手を1回打って、左手と相手の左手を1回打つ。これを2回くり返す。

③ Touch your both hands.
（タッチ　ユア　ボウス　ハンズ）

④ Clap hands together.
（クラップ　ハンズ　トゥギャーザ）

相手の両手と4回合わせる。

リズムに合わせて両手を4回打つ。

2番

Shake hands.
（シェイク　ハンズ）

あく手をする。

3番

Stomp feet.
（スタンプ　フィート）

足をならす。

🌸 2番 と 3番 の動作は、歌詞にそって行ってください。

参考資料

- 川原ゆい編「あっという間に子どもとなかよし」「手あそび♪歌あそび」アドグリーン企画
- 塩野マリ編「2・3歳児のふれあい歌あそび」ひかりのくに
- 伊藤嘉子編「保育者のための手あそび歌あそび60」音楽之友社
- 伊藤嘉子編「幼児保育のための遊び歌100曲選」エー・ティー・エヌ
- レッツ・キッズ・ソンググループ編「うたって楽しい手あそび指あそび120」ポプラ社
- ちいさいなかま編集部著「なにしてあそぶ？保育園で人気の手あそび・うたあそびPart2」草土文化
- 山崎淳子編「はじめてであうベストえいご第10巻うたいましょう」学研
- デプロ編「簡易ピアノ伴奏による決定版！えいごのうたスペシャル」デプロ
- 悠木昭宏編「楽しいバイエル併用こどもの英語の歌ピアノ曲集」ドレミ楽譜出版
- ジュリー・ソーレス編「LET'S PLAY! ゲームでおぼえるはじめての英語⑤あそびうた」ポプラ社
- 二階堂邦子編「じゃんけんぽん手あそびうた35第3集」学事出版
- クレヨンハウス総合文化研究所編「あそびうた大全集」クレヨンハウス

著者プロフィール

妹尾美智子（せおみちこ）
愛知県生まれ。愛知県立芸術大学音楽学部卒業。岡崎女子短期大学教授。

市川恭子（いちかわやすこ）
愛知県生まれ。武蔵野音楽大学卒業。岡崎女子短期大学講師。岐阜県音楽療法士。

英語の手遊び歌入り
みんなで手遊び One・Two・トン

定価（本体1,200円＋税）

編著者	妹尾美智子(せおみちこ)・市川恭子(いちかわやすこ)
表紙デザイン	成田智子
発行日	2007年 1月30日 初版発行 2021年12月30日 第15刷
発行者	山下 浩
発行所	株式会社ドレミ楽譜出版社 〒171-0033 東京都豊島区高田3-10-10 ドレミ・サーティース・メモリアル 4F [営業部] Tel.03-5291-1645　Fax.03-5291-1646 3F [編集部] Tel.03-6233-9612　Fax.03-6233-9614 ホームページ：http://www.doremi.co.jp/ ISBN978-4-285-11231-3

JASRAC出 0615795-115
(許諾番号の対象は、当該出版物中、当協会が許諾できる著作物に限られます。)

●無断複製、転載を禁じます。●万一、乱丁や落丁がありました時は当社にてお取り替えいたします。
●本書に対するお問い合わせ、質問等は封書又は〈e-mail〉faq@doremi.co.jp 宛にお願い致します。